写给青少年

U0611474

生活中的哲学智慧

顾问　张　亮　顾润生

主编　陶德华　张义修

南京师范大学出版社

图书在版编目（CIP）数据

生活中的哲学智慧 / 陶德华，张义修主编 . -- 南
京：南京师范大学出版社，2024.6
（写给青少年的哲学书）
ISBN 978-7-5651-6181-0

Ⅰ .①生… Ⅱ .①陶… ②张… Ⅲ .①哲学—中国—
青少年读物 Ⅳ .① B2-49

中国国家版本馆 CIP 数据核字（2024）第 032237 号

丛 书 名　写给青少年的哲学书
书　　名　生活中的哲学智慧
主　　编　陶德华　张义修
丛书策划　张　春
责任编辑　庞　昊
出版发行　南京师范大学出版社
地　　址　江苏省南京市玄武区后宰门西村 9 号（邮编：210016）
电　　话　（025）83598919（总编办）　 83598319（营销部）　 83598332（读者服务部）
网　　址　http://press.njnu.edu.cn
电子信箱　nspzbb@njnu.edu.cn
照　　排　南京私书坊文化传播有限公司
印　　刷　南京玉河印刷厂
开　　本　710 毫米 ×1000 毫米　1/16
印　　张　11.5
字　　数　164 千
版　　次　2024 年 6 月第 1 版
印　　次　2024 年 6 月第 1 次印刷
书　　号　ISBN 978-7-5651-6181-0
定　　价　40.00 元

出 版 人　张　鹏

序言　哲学教育宜早行

　　哲学的作用在于启智润心，使人成为人。经历过风雨的杰出人物常有类似"学好哲学，终身受用"的觉悟，高度赞同"学哲学，用哲学"这一传统。十几年前，我在南京大学推行面向全体本科生的哲学素质教育，最初的成效不够理想，以至于我暗自怀疑是不是太心急、搞早了。但时间很快证明，大学生中存在旺盛的哲学教育需求以及强健的哲学学习能力，我们提供的哲学素质教育发挥了很好的化育成人作用。大学生最初的反馈为什么不够积极、不够热烈？调研后的结论是我们开展哲学教育的时间迟了，结合法国等国家开展哲学教育的情况，我以为有必要从青少年时期开始抓起。

　　五年前，我因为国家高中思想政治统编教材必修4《哲学与文化》的编写和使用，与南京市中华中学建立了密切的互动关系。近距离接触后，我极为欣喜地发现，这里竟然有特色鲜明的哲学教育，批判性思维培养、哲学践行、"哲心结合"在这里施行有年，在全省乃至全国基础教育界都颇有影响。哲学教育该如何在中学深入推进？具体负责此项工作的陶德华老师曾与我多次交流，除了打气鼓劲一定要坚持下去外，我尤其建议他们可以立足教育教学实际，开发、完善富有特色的哲学教育课程，与思想政治学科国家课程有关哲学的必修模块、选择性必修模块形成互补，同时考虑开发在线课程，用新型教育技术解决教学课时、优质教学资源的辐射共享等问题。

　　陶德华老师既有教育理想，又能吃苦、重实干。几年来，她与南京大学等高校、科研院所的哲学专业工作者携手合作，在原有课程资源的基础上，设计、开发出系列哲学教育课程，将青少年哲学教育有声有色地推进到一个新阶段。这种哲学教育的效果如何呢？我深知，十年树木、百年树人，它的育人成效需要很长时间才能得到验证，但哲学教育的种子无疑已经在青少年的心中生根发芽成长了！

持续发展包括哲学在内的素质教育，是"办好人民满意的教育"的应有之义。在这个方面，期望更多的学校发挥辐射带动作用，让更多青少年能够共享优质哲学教育资源，从而启智润心，哲以成人。令人敬佩的是，陶德华老师与合作者们不辞辛苦地基于系列哲学教育课程，有机融合课程思政与哲学、人文教育，充分体现马克思主义哲学思想，编写了系列哲学教育读物，第一批推出《文艺作品中的哲学思想》《生活中的哲学智慧》《人工智能时代的哲学思考》三本书。感谢编写者们的信任，让我有机会在出版之前就一睹为快。

在我看来，这些专门为青少年编写的哲学普及读物有三个特点：一是够哲学，讲知识但更重能力培养，努力激发学生的哲学兴趣，着力培养学生的哲学思维；二是多创新，内容选择、呈现方式、语言风格等都做了大胆探索，改变了"理论是灰色的""哲学是枯燥的"等刻板印象；三是有挑战，不少内容尤其是关于人工智能的内容有一定难度，需要跳一跳才能够得着，但却又是能够培养青少年创新思维与实践能力的大胆尝试。

这三本读物究竟写得好不好，最终需要青少年读者们去评说。不过，我认为，它们的出版本身就是对我国哲学教育事业的一种推动，是中华中学在全国普通高中学段开展哲学教育"走在前，做示范"的一个证明。热切期盼未来有更多的学校开展哲学教育，有更多类似的哲学教育读物涌现出来！

张　亮

国家重大人才工程特聘教授

南京大学教学委员会副主任

南京大学研究生院副院长

2024 年 3 月

前　言

哲学是爱智之学，也是反思之学，它源于生活，又高于生活，是帮助人们理解生活、过好生活的宝贵精神财富。古往今来，哲学家们围绕个人生活与社会生活的诸多课题，进行了深刻的哲学思考，提出了许多真知灼见，对指导人类的社会生活实践发挥了重要作用，至今仍有深刻的启示意义。对于当代青少年而言，哲学既可以引导他们在个人生活领域自我成长，又可以引导他们在社会生活领域积极贡献。基于此，本书从古今中外的哲学经典出发，结合当代青少年学习生活中遇到的现实案例、真实问题，围绕"生活哲学"这个主题，凝练出贴合青少年生活的一些重要命题，用通俗的语言，呈现哲学史上的相关思想资源，以期帮助青少年理性面对人生困惑，做出正确的价值判断和价值选择。在此过程中，本书特别注重坚持马克思主义指导地位，将马克思主义哲学的实践观、历史观、社会观与中华优秀传统文化的宇宙观、人生观相结合，吸收借鉴中外哲学经典中的生活哲学智慧，着力引导青少年树立正确的世界观、人生观和价值观，在新时代新征程上走好人生之路。

本书分为上、下两篇，共16讲。上篇围绕"个人生活"，从苏格拉底关于哲学的名言讲起，首先帮助青少年读者了解什么是哲学、哲学家们如何思考生活，进而围绕"辩证的思维""天道的启示""仁爱的境界""家庭的意义""交友的原则""自强的精神""通达的态度"，引导读者以辩证思维看待和化解个人生活中的难题，从中华优秀传统文化的"天人合一"中汲取生活

智慧，用"黄金法则"协调人际关系，正确认识家庭关系、把握交友之道，克服"佛系""躺平"的心态，走出'"内卷""纠结"的困境，培养健康向上、自信包容的生活智慧。下篇围绕"社会生活"，从构成现代社会之基础原则的"理性"说起，进而围绕"公正的秩序""社会的规律""历史的视野""大同的理想""奉献的价值""人生的目标""信仰的力量"，引导读者冷静成熟地面对社会生活，积极参与构建和谐有序的社会秩序，在个人与社会的辩证互动中，正确把握必然与自由的关系，正确理解社会历史发展的规律和趋势，树立奉献社会、服务人民的志向，以马克思主义中国化时代化最新成果为指导，坚定理想信念，为强国建设、民族复兴贡献自己的力量。

编　者

2023 年 12 月

目　录

上篇

个人生活篇

003　第1讲　爱智的追求
　　　——为什么"未经审视的生活是不值得过的"？

015　第2讲　辩证的思维
　　　——如何正确看待和化解生活中的难题？

027　第3讲　天道的启示
　　　——如何从"天人合一"中汲取生活智慧？

039　第4讲　仁爱的境界
　　　——如何用"黄金法则"协调人际关系？

049　第5讲　家庭的意义
　　　——如何从历史和哲学的角度理解家庭？

061　第6讲　交友的原则
　　　——如何交到志趣相投、真诚相待的朋友？

071　第7讲　自强的精神
　　　——如何克服"佛系""躺平"的心态？

079　第8讲　通达的态度
　　　——如何走出"内卷""纠结"的困境？

下篇

社会生活篇

091　第 1 讲　理性的抉择
　　　　——如何冷静成熟地面对社会生活？

103　第 2 讲　公正的秩序
　　　　——如何构建一个和谐有序的社会？

112　第 3 讲　社会的规律
　　　　——如何把握必然与自由的关系？

122　第 4 讲　历史的视野
　　　　——如何才能观大势、成大事？

133　第 5 讲　大同的理想
　　　　——如何推动理想社会的实现？

143　第 6 讲　奉献的价值
　　　　——今天为什么需要奉献精神？

154　第 7 讲　人生的目标
　　　　——如何立志？应该立怎样的志？

163　第 8 讲　信仰的力量
　　　　——如何为人生构筑精神的大厦？

173　后　记

上篇

个人生活篇

第 1 讲
爱智的追求

——为什么"未经审视的生活是不值得过的"？

    哲学是什么？古今中外的哲学家对这个问题有不同的回答。但是，一个共识是：哲学是一门热爱智慧、追求智慧的学问。人生于世，对于世界、对于生活、对于自我，总是会产生种种的思考与追问，而哲学就是在这样的思考与追问中诞生的。古希腊哲学家苏格拉底甚至说："未经审视的生活是不值得过的。"那么，苏格拉底为什么这么说？哲学对生活的审视，可以为我们带来什么？面对生活，我们需要怎样的哲学智慧？这是第 1 讲将要回答的问题，也是对于"生活哲学"的一个总体性、导论性说明。

⬤ 一 问题的缘起：哲学与我们的生活是怎样的关系？

    关于"什么是哲学"，大家在课堂中、在生活中已经有过初步的了解。在古汉语中，"哲"是智慧之意。"辞书之祖"《尔雅》中说："哲，智也。"可以说，"哲学"就是"智慧之学"或者"追求智慧之学"。英语的"哲学"philosophy

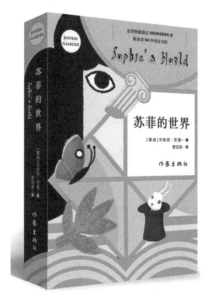

《苏菲的世界》书影

源于希腊语 philosophia，它由 philo（爱、追求）和 sophia（智慧）构成，其本义就是"爱智慧"。因此，在西方传统中，哲学也就是一门"爱智之学"。

《苏菲的世界》是挪威作家乔斯坦·贾德的一部知名作品。这本书的特殊之处在于，它采取了长篇小说的形式，对哲学史上的许多重要问题进行了一次系统梳理。小说通过一名哲学导师向一个叫苏菲（Sophie）的女孩传授哲学知识的经过，揭示了西方哲学史发展的历程。作者之所以将小说的主人公命名为苏菲（Sophie），正是化用了哲学的"爱智"之意。

那么，作为一门爱智之学的哲学，讨论的是什么问题？又与我们的生活有怎样的关系呢？

在《苏菲的世界》这部小说的开头，苏菲收到了一封神秘的来信，信封上写着"苏菲收"。但当她拆开信封时，却发现信纸上只写着一句话："你是谁？"这个问题让苏菲陷入了沉思：她当然知道自己是谁，她的名字叫苏菲。可是，这个叫苏菲的人又究竟是谁呢？她想不出来。

你是谁？

她怎么会知道？不用说，她的名字叫苏菲，但那个叫做苏菲的人又是谁呢？她还没有想出来。

如果她取了另外一个名字呢？比方说，如果她叫做安妮的话，她会不会变成别人？

　　这使她想起爸爸原本要将她取名为莉莉。她试着想象自己与别人握手，并且介绍自己名叫莉莉的情景，但却觉得好像很不对劲，像是别人在自我介绍一般。

　　她跳起来，走进浴室，手里拿着那封奇怪的信。她站在镜子前面，凝视着自己的眼睛。"我的名字叫莉莉。"她说。

　　镜中的女孩却连眼睛也不眨一下。无论苏菲做什么，她都依样画葫芦。苏菲飞快地做了一个动作，想使镜中的影像追赶不及，但那个女孩却和她一般的敏捷。

　　"你是谁？"苏菲问。

　　镜中人也不回答。有一刹那，她觉得迷惑，弄不清刚才问问题的到底是她，还是镜中的影像。[1]

——《苏菲的世界》

　　"你是谁？"这个问题不仅是苏菲哲学思考的开始，也是许多哲学家苦苦思索的问题。当然，哲学家们追问的，不仅是作为个体的"我是谁？"，还有作为整体的"人是什么？"的问题。从整体上看，人是一种动物，但又是与其他所有动物都不同的动物。那么，人究竟有什么不同于其他动物的地方？从个体上看，每一个"你""我"都和其他人一样，都是人，可是我们又都是与其他人不同的人，世界上没有完全相同的两个人，就像世界上没有两片同样的树叶一样。那么，我们每一个人，究竟因为什么而与其他人不同？我们如何在相对于自然、相对于他人的意义上，回答"我是谁"的问题？

　　苏菲的故事告诉我们，哲学的追问不仅涉及外部世界，而且具有"自我反思"的性质。换句话说，哲学不仅是世界观，也是人生观，而且这两个问题是密切关联、相互影响的。人不是被动生活在世界中的动物，而是通过自己

1　乔斯坦·贾德：《苏菲的世界》，萧宝森译，作家出版社，1996 年，第 3 页。

的实践来创造生活、改变世界的主体。因此，如果不能回答"人是什么？""我是谁？"这样的问题，我们就无法对我们的生活、我们的世界有一个透彻的、完整的理解。就像面对一部小说，如果我们说不清楚主角究竟是谁，那么我们也无法弄明白，到底发生了什么故事。我们每一个人，都是自己的人生这部小说的"主角"，我们所经历的生活故事，最终还是要回到一个基本的问题："我是谁？"

认识自我乃是哲学探究的最高目标——这看来是众所公认的。在各种不同哲学流派之间的一切争论中，这个目标始终未被改变和动摇过：它已被证明是阿基米德点，是一切思潮的牢固而不可动摇的中心。……蒙田写道："世界上最重要的事情就是认识自我。"[1]

亚里士多德宣称，一切人类知识都来源于人类本性的一种基本倾向——这种倾向在人的各种最基本的行为和反应中都表现出来。感性生活的全部内容是被这种倾向所决定并且充分体现着这种倾向的。[2]

（苏格拉底）把人定义为：人是一个对理性问题能给予理性回答的存在物。人的知识和道德都包含在这种循环的问答活动中。正是依靠这种基本的能力——对自己和他人作出回答（response）的能力，人成为一个"有责任的"（responsible）存在物，成为一个道德主体。[3]

——卡西尔《人论》

---

1 恩斯特·卡西尔：《人论》，甘阳译，上海译文出版社，1985年，第3页。
2 恩斯特·卡西尔：《人论》，甘阳译，上海译文出版社，1985年，第4页。
3 恩斯特·卡西尔：《人论》，甘阳译，上海译文出版社，1985年，第9页。

哲学家恩斯特·卡西尔在《人论》一书中梳理了哲学史上人们关于自我的反思历程与代表性观点，并且提出他自己的理解：人是"符号的动物"。这就是说，人们在生活实践中形成了一套独属于人自身的文化符号体系，人们是通过这一文化符号体系来认识生活、面对生活的。他说："即使在实践领域，人也并不生活在一个铁板事实的世界之中，并不是根据他的直接需要和意愿而生活，而是生活在想象的激情之中，生活在希望与恐惧、幻觉与醒悟、空想与梦境之中。"读到这里的你，是否同意卡西尔的看法呢？或者，你对于"我是谁？""人是什么？"的问题，会做出怎样的回答呢？

当然，"我是谁"的问题，只是苏菲的哲学思考中的问题之一，也只是生活哲学的问题之一。以这个问题的哲学思考作为例子，不难看出，当我们从日常生活的琐碎细节中抽身而出，把我们自己、我们的生活、我们所身处的世界，重新作为"审视"的对象，追问它们的本质和规律的时候，我们会进入一种前所未有的深刻思想体验之中。这就是哲学对于生活、对于人生的基本追问。这种思想体验，会让我们进一步理解自我、理解生活、理解世界，从而增长我们的"智慧"。作为中国人，我们的传统文化尤为强调哲学与生活的关系，哲学家冯友兰就曾明确指出："中国的儒家，并不注重为知识而求知识，主要的在求理想的生活。求理想的生活，是中国哲学的主流，也是儒家哲学精神所在。"[1]如果我们想要追求和实现理想的生活，就需要汲取古往今来的哲学智慧。

● 哲学的解答：哲学如何帮助我们理解生活？

作为全书的第 1 讲，我们无法全面地列举"哲学"所关注的所有问题，也自然无法对这些问题——做出解答。即便是聚焦在"生活哲学"这一维度

---

1 冯友兰：《人生四境界》，长江文艺出版社，2016 年，第 202 页。

之上，本书也无法穷尽哲学对于生活的所有追问和解答。不过，我们可以把握一个基本的原则，那就是将哲学思考与生活实践相结合，实现理论与实践的辩证统一。这也是我们从马克思主义立场出发，看待生活哲学的一个基本观点：哲学来源于生活，而又高于生活。

马克思在1845年写下《关于费尔巴哈的提纲》，恩格斯把它称为"包含着新世界观的天才萌芽的第一个文献"。在这一文献中，马克思明确指出："全部社会生活在本质上是实践的。"这就是说，想要理解社会生活的秘密，必须从实践出发。这是马克思对我们理解生活的一个重要启示。所谓从"实践"出发，不仅仅是从我们个人的生活体验出发，更是要从人类在特定社会历史条件下的物质生产实践出发，通过把握人们实践活动的方式，人在实践中与自然、与他人、与自身的关系，深刻理解社会生活本身具有的历史性、结构性，把个人行为和社会环境结合起来，把经济基础和上层建筑结合起来，把历史传统和发展前景结合起来，这样才能深入把握我们的社会生活的面貌，

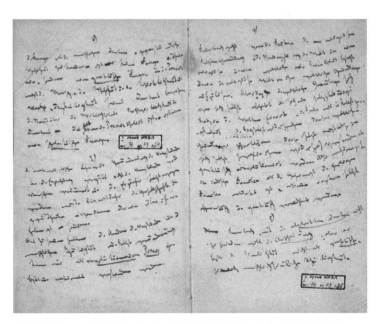

《关于费尔巴哈的提纲》手稿，俄罗斯国家社会政治史档案馆收藏

得出来源于生活而又高于生活的结论。

> 全部社会生活在本质上是实践的。凡是把理论引向神秘主义的
> 神秘东西，都能在人的实践中以及对这种实践的理解中得到合理的
> 解决。[1]
>
> ——马克思《关于费尔巴哈的提纲》

坚持马克思主义哲学的实践观点，是将哲学理论与现实生活实践统一起来的重要基础。在此基础上，我们还要综合汲取古今中外的哲学智慧，因为马克思主义并没有穷尽全部真理，在人类数千年多样化发展的文明进程中，哲学对于人的生活本质和生活意义的审视与追问，向着不同方向延伸、发展，在哲学史上衍生出许多不同的主题、不同的流派。透过这些不同的哲学主题、哲学流派，我们不仅可以深化对个人生活的理解，还可以深化对人、对世界、对社会的理解——

哲学关于"人"本身的追问和解答，可以帮助我们更好地理解：人是什么？人从哪里来？人的本质是什么？人是如何和自然打交道的？人是如何进行认识和思考的？人的价值观是怎样形成的？围绕这些问题的哲学思考，形成了人的生存论、认识论、价值论等哲学思想，并且进一步对心理学、教育学等学科产生深刻影响。在本书中，我们将分别探讨其中重要的一些主题，最终帮助大家更加深刻地理解那个困扰苏菲的问题："我是谁？"

哲学关于"世界"的追问和解答，可以帮助我们更好地理解：世界是什么？世界的本原是什么？世界运行的规律是什么？世界对人有什么影响，人又能对世界做什么？围绕这些问题的哲学思考，形成了本体论、自然哲学等哲学思想，并且进一步对自然科学等学科产生深刻影响。在本书中，我

1　《马克思恩格斯文集》第 1 卷，人民出版社，2009 年，第 501 页。

们将侧重介绍古代哲学家对本体论的最初思考，这些思考奠定了哲学的基础，也会有助于大家在此基础上更加深刻地理解我们身处其中的"生活世界"。

哲学关于"社会"的追问和解答，可以帮助我们更好地理解：社会的本质是什么？人与人的关系是怎样的？人是如何与他人打交道的？社会运行的动力和规律是什么？社会对人有什么影响，人又对社会有什么作用？人在社会生活中应该遵循哪些规范？社会发展应该向着怎样的方向？围绕这些问题的哲学思考，形成了伦理学、社会哲学、政治哲学等哲学思想，并且进一步对人文科学和社会科学的诸多学科产生深刻影响。在本书中，我们将探讨其中重要的一些主题，帮助大家在深刻理解社会生活规律的基础上，处理好个人与社会之间的辩证关系，从而更好地在社会中实现个人的价值，找到自己生活的意义。

总而言之，哲学对于生活的理解，不是琐碎的，而是系统的，不是表面的，而是本质的，不是简单接受，而是深度反思，不是高高在上地发布真理，而是细致入微地探察辨析，是一种关怀人自身、关注生活本质的"大智慧"。有意义的哲学离不开生活视角的理解，有意义的生活也离不开哲学智慧的滋养。

> 哲学智慧是超越了"某种人"的关于"人"的智慧、关于"人"与"世界"的关系的智慧。这种智慧是理解和协调人与自然、人与社会、人与历史、人与文化、人与他人以及人与自我的智慧，是"使人作为人能够成为人""使人崇高起来"和实现"人的全面的自由的发展"的智慧。
>
> 哲学的这种"大智慧"和"大聪明"，不是既定的知识，不是现成的结论，不是实例的解说，不是枯燥的条文，而是追究生活信念的前提，探寻经验常识的根据，反思历史进步的尺度，讯问评价

真善美的标准。哲学智慧反对人们对流行的生活态度、思维方式、价值观念、审美情趣等等采取现成接受的态度，反对人们躺在无人质疑、因循守旧的温床上睡大觉。……

哲学智慧是反思的智慧、批判的智慧、变革的智慧。它启迪、激发和引导人们在社会生活的一切领域永远敞开自我反思和自我批判的空间，促进社会的观念更新、科学发现、技术发明、工艺改进和艺术创新，从而实现人类的自我超越和自我发展。

——孙正聿《哲学通论》

三 行动的启示：以多元视角审视生活、规划生活

无论是在中文语境中，还是在西方语言文字中，"生活"都具有多重内涵：它既是生命的基本存在的维系，也是人生价值与意义的实现。它既是个人自主的选择，也是社会环境的产物。我们每个人都要为自己选择生活的道路、生活的方式，并且承担起自己的生活责任。与此同时，我们每个人都不是孤立地生活着，正所谓"人生在世"，我们每个人的生活故事总是发生在特定的"世界"之中，就像一叶扁舟浮游于大海之上、天地之间。这里所说的"世界"，不但是自然世界，更是社会世界。总之，生活始终是一个多维视角下的综合体，是一个复杂世界中的大课题。正因为如此，我们才需要以哲学的眼光审视生活，以多元的视角理解生活、规划生活。对于生命存在的基本理解、对于生活意义的价值反思、对于个体责任的清晰自觉、对于"人生在世"的系统思考，将为我们理解生活、规划生活提供宝贵的指导。

通过上述介绍，我们已经初步意识到：古今中外的哲学家发出了各种不

---

1 孙正聿：《哲学通论》，复旦大学出版社，2007年，第3页。

同的追问，也做出了各种不同的解答，于是形成了许多不同的哲学派别。因此，在本书第 1 讲，我们希望同学们能够了解：哲学的学习，不是知识的简单背诵，而是思想的反复激活；哲学并不是"铁板一块"，而是由无数哲学家的不同解答共同组成的一个思想宝库。聚焦到"生活哲学"这一主题，我们将会看到的，不是哲学家们对于许多问题给出了不容置疑的唯一答案，而是一幅缤纷多彩、多元并存的思想图景：作为人类社会中的"思想者"，哲学家们总是努力从不同的角度，丰富着人类对于人生、对于社会、对于生活的思考。因此，生活哲学的"学习者"首先要做一个"思考者"，通过汲取不同哲学流派的思想智慧，我们将学会从不同的视角来审视生活、理解生活、规划生活，在"远近高低各不同"的生活风景中，丰富自己的生活智慧，提升自己的思想境界。

例如，从儒家的生活哲学中，我们可以领会到个人道德修为和社会精神文化的重要性。儒家以"仁义"作为生活的基本原则，孔子希望通过"礼治"来规范人们的社会生活，孟子则强调"人性本善"，主张施行"仁政"。而要做一个生活中的君子，应当在物质利益和仁义原则发生冲突时明确地选择后者。孔子说："不义而富且贵，于我如浮云。"孟子更是在"生"与"义"不可兼得的情况下主张"舍生而取义"。在个人发展方面，儒家秉持积极进取的态度，提倡"内圣外王"的人生理想和"修齐治平"的个人成长路径。儒家特别强调个人道德修为，曾子说"吾日三省吾身"，王阳明强调"诚意正心""知行合一"，这些宝贵的思想已经融入了中国人的精神血脉，至今对我们仍有重要的启示意义。

儒家思想同中华民族形成和发展过程中所产生的其他思想文化一道，记载了中华民族自古以来在建设家园的奋斗中开展的精神活动、进行的理性思维、创造的文化成果，反映了中华民族的精神追求，是中华民族生生不息、发展壮大的重要滋养。

世界上一些有识之士认为，包括儒家思想在内的中国优秀传统文化中蕴藏着解决当代人类面临的难题的重要启示，比如，关于道法自然、天人合一的思想，关于天下为公、大同世界的思想，关于自强不息、厚德载物的思想，关于以民为本、安民富民乐民的思想，关于为政以德、政者正也的思想，关于苟日新日日新又日新、革故鼎新、与时俱进的思想，关于脚踏实地、实事求是的思想，关于经世致用、知行合一、躬行实践的思想，关于集思广益、博施众利、群策群力的思想，关于仁者爱人、以德立人的思想，关于以诚待人、讲信修睦的思想，关于清廉从政、勤勉奉公的思想，关于俭约自守、力戒奢华的思想，关于中和、泰和、求同存异、和而不同、和谐相处的思想，关于安不忘危、存不忘亡、治不忘乱、居安思危的思想，等等。中国优秀传统文化的丰富哲学思想、人文精神、教化思想、道德理念等，可以为人们认识和改造世界提供有益启迪，可以为治国理政提供有益启示，也可以为道德建设提供有益启发。

——习近平《在纪念孔子诞辰2565周年国际学术研讨会暨国际儒学联合会第五届会员大会开幕会上的讲话》

再如，从存在主义的生活哲学中，我们可以学到如何基于个体的生命体验，深度思考和提升人的存在状态。存在主义哲学家认为，人的存在只有在孤独、苦闷、焦虑等状态下才能得到反思和理解，这样不正常的状态恰恰给了人们一个体验和领悟存在的契机。克尔凯郭尔认为，人是一个"孤独的个体"，对人生的理解需要经历审美、道德和宗教的三个阶段或者三种选择。海德格尔认为，人如果遗忘了对存在的领悟，就会陷入一种精神上的"无家可归"状态，只有"向死而生"，才能找到自己存在的意义。萨特认为，人

的存在先于人的本质，人的自由体现在人能够为自己的存在方式做出选择，而既然选择是人自己做出来的，人也就要为自己的生活负责。

接下来，我们将为青少年读者呈现哲学史上不同哲学家关于生活哲学若干重要问题的思考和解答。只要我们坚持正确的思考方向，秉持客观、理性、辩证的学习态度，就可以从中汲取许多宝贵的营养，深化我们对生活哲学的理解，最终指导我们自己的生活。这既是本书希望达成的初衷，也是哲学这样一门特殊的学问指导我们生活实践的基本方式。

拓 展 阅 读

1.《马克思恩格斯文集》第 1 卷，人民出版社，2009 年。

2. 乔斯坦·贾德：《苏菲的世界》，萧宝森译，作家出版社，1996 年。

3. 恩斯特·卡西尔：《人论》，甘阳译，上海译文出版社，1985 年。

4. 孙正聿：《哲学通论》，复旦大学出版社，2007 年。

思 考 探 究

1. 你在生活中是否思考过哲学问题？请梳理一下你感兴趣的哲学问题。

2. 在中国古代儒家思想关于生活哲学的论述中，哪一句让你最有感触？它让你产生了怎样的思考？

第 **2** 讲
辩证的思维

——如何正确看待和化解生活中的难题？

　　同学们在平时的学习和生活中，常常会遇到这样或那样的难题。比如，每一门课程都有许多要学习的知识，精力有时难以兼顾，也给自己的心理造成很大压力；看到网络上的一些消息、事件、言论，一时感到震惊甚至愤怒，后来又发现，其实并不像一开始以为的那样……想要正确地面对这些经历和见闻，就离不开"辩证法"的帮助。"辩证法"是一个非常重要的哲学概念，甚至一提到哲学，许多人首先会想到的就是两对概念：唯物主义和唯心主义、辩证法和形而上学。其中，唯物主义和唯心主义表明的是哲学家们关于思维与存在关系的基本理解，而辩证法的内涵则更为复杂。在马克思主义哲学的语境中，它主要是与形而上学的世界观相对立。从哲学史上来讲，辩证法的历史几乎与哲学的历史一样长久。而从生活哲学的角度来看，辩证法是人们正确看待生活、反思生活，进而指导自己处理生活中各种问题的一种重要哲学训练。

一 问题的缘起：辩证法是怎么来的？

苏格拉底雕像

辩证法最初是怎么来的？它是为了解决什么问题？我们的故事要从古希腊的苏格拉底说起。

古希腊哲学是整个西方哲学的源头，而在古希腊最著名的城邦雅典，诞生了苏格拉底。苏格拉底常常被称为西方的孔子，因为他和孔子一样开创了一个哲学的新时代。苏格拉底的哲学成为整个西方哲学的重要基石，在上一讲中我们已经提到他关于生活的名言。苏格拉底哲学的核心内容就是对于人的生活的追问与反思。从这个意义上来说，苏格拉底关注的哲学问题和孔子高度相近，这或许也是人类文明不同形态背后的某种共性的体现。

苏格拉底还有一点与孔子十分相似：他们都是通过对话的方式表达和传播自己的哲学观点，而没有像后来的哲学家常常做的那样——写作自己的哲学论著。苏格拉底的"对话"方式正是辩证法的起源。在希腊文中，辩证法（dialectics）原本的含义就是对话、说话。苏格拉底正是通过与他人对话、问答的方式，不断揭露对方的矛盾，使对方认识并且修正错误，从而逐步接近于真理。就此而言，这种对话当然也就包含了辩论、证明的色彩。苏格拉底的学生，著名的哲学家柏拉图，后来参考他的老师的这种对话方式，写作了一系列哲学作品，其中有的正是以苏格拉底作为对话的主角。我们今天对苏格拉底哲学和他的辩证法的了解，也主要是靠柏拉图留下的相关作品。下面，让我们来看一段苏格拉底和美诺关于"美德"的对话，从中我们可以领略苏格拉底是如何运用他的辩证法的。

苏格拉底：让我们来看这一次你是否抓住了真理。你也许是正确的。你说获得好事物的能力就是美德，是吗？

美诺：是的。

苏格拉底：你说的所谓好东西，是指健康和财富一类的事物吗？

美诺：我把获取金银财宝、高官厚禄也包括在内。

苏格拉底：这些就是你所承认的好事物的类别吗？

美诺：对，我把所有这一类事情都算在内。

苏格拉底：好吧。这样说来，按照美诺这位伟大国王的世交的定义来看，美德就是获得金银的能力。你要在"获得"这个词前面加上"正义地和公正地"，还是认为加不加无所谓？哪怕是非正义的获取，你也仍旧称之为美德吗？

美诺：当然不会。

苏格拉底：那么得称作邪恶？

美诺：一点儿没错。

苏格拉底：由此看来，正义、节制、虔诚或美德的其他部分，必须附加到获取上。否则，尽管它是得到好事物的一种方式，但它决不会是美德。

——柏拉图《美诺篇》

柏拉图的学生亚里士多德继承了苏格拉底的方法，同样将辩证法作为探究知识和真理的方法。作为逻辑学的重要奠基人，亚里士多德发现，辩证法中包含着对事物内在矛盾的逻辑分析。一个人具有了辩证分析的能力，就意味着他能

---

1 《柏拉图全集》第1卷，王晓朝译，人民出版社，2002年，第502—503页。

柏拉图雕像

亚里士多德雕像

够透过事物的表面，分析相反的东西，从而更好地接近于事物的本质。到这里，辩证法就不仅仅是一种对话、问答、辩论的方法，更是一种透过现象揭示本质、透过现状发现变化的认识方法、思维方法。

由此看来，辩证法不仅是一种对话方式、一种思考方式，而且是对事物内在矛盾和变化发展的一种特定理解。就此而言，无论是西方哲学，还是东方哲学，许多哲学家虽然没有使用辩证法这一术语，但他们对于世界的哲学思考，同样包含着深刻的辩证法思想。早期希腊哲学家赫拉克利特就曾经提出，万物包含着对立，运动和变化是永恒的。而在中国，老子的道家思想是辩证智慧的集大成者，深刻地影响着中国人看待世界、看待生活的态度。

老子认为，事物之间存在着相互依存、相互转化的辩证关系，"故有无相生，难易相成，长短相形，高下相倾，音声相和，前后相随"。老子认为，事物并不是永恒存在的，万物是从无到有的，有和无并不是一对截然对立的

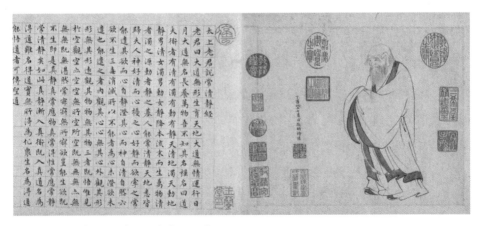

〔明〕文徵明《老子像》，天津博物馆藏

范畴。因此，对于现存的事物，不能孤立地看待它们，也不能把它们当作永恒存在的东西，而要从它们与其他事物的相互关系中、从它们的生灭变化中来完整地看待它们。他还进一步提出，事物在变化中会向它的反面转化，"祸兮，福之所倚"，"福兮，祸之所伏"，这就启示我们，在看待生活中遇到的事情时，不能只从当下的状态来评判，不能陷入单向的评价之中，而要具备一种发展的眼光，注意把握事物变化的规律和节奏。

> 为之于未有，治之于未乱。合抱之木，生于毫末；九层之台，起于累土；千里之行，始于足下。为者败之，执者失之。是以圣人无为，故无败；无执，故无失。民之从事，常于几成而败之。慎终如始，则无败事。[1]
>
> ——老子《道德经》

以上就是东西方哲学思想中辩证法的起源。简而言之，辩证法作为一种思维方法，缘起于苏格拉底探究真理的哲学对话方式。而在这种思维方法背后，辩证法还有一种更广义的理解，即代表着一种对世界和社会生活的特定理解：世界本身充满内在矛盾和联系，并且不断变化发展。客观世界和社会生活中存在着的这种辩证规律，是哲学家们之所以能够用思维的辩证法来把握世界的基础。反言之，既然生活本身是辩证发展的，我们也只有运用辩证法的思维方式才能真正破解生活的难题。

二 哲学的解答：如何系统构筑对社会生活的辩证理解？

在哲学史上，辩证法思想的集大成者是黑格尔，而马克思批判地继承了黑格尔唯心主义辩证法的合理内核，在社会历史分析中展现了唯物主义辩证

1　王弼注：《老子道德经注》，楼宇烈校释，中华书局，2011年，第170—171页。

《黑格尔全集》书影

法的思想魅力。因此，今天我们想要理解作为一种生活智慧的辩证法，不仅要回到东西方哲学的开端，而且要深刻理解从黑格尔到马克思的辩证法思想对于我们理解社会生活具有怎样的意义。

黑格尔认为，辩证法是"真正的哲学方法"，"是一切运动、生命、事业的推动原则，又是知识范围内一切真正科学知识的灵魂"。黑格尔用辩证法构建了一个庞大的哲学体系，把他对抽象思维、自然世界、人类世界的哲学认识全部涵盖在一个环环相扣的范畴体系之中。例如，在人与人相互发生关系的世界中，家庭是最初的单元，人作为家庭成员，这种存在方式是以私人生活、伦理关系、满足共同体的需要为基础的。而在家庭之外，人又作为社会中的个体，这种存在方式是以个人的独立、社会的分工、与陌生人的联系、满足社会的普遍需要为基础的。显然，人的两种角色存在着显著的差异，从某种程度上说，人的社会存在的方式和原则，是基于对人的家庭存在的方式和原则的否定而成立的。然而，社会中人的原子式存在并不是人的最终存在状态，因为这种孤立的个人存在必然面临人与人之间的竞争、分裂乃至冲突，而为了化解社会的弊端，需要一种更高层次的组织，将家庭的共同性与社会的个体性辩证统一在一起，这就是国家。国家代表着一种建立在社会的个体分工基础上的普遍性，这种普遍性是从社会生产的利己性转化而来的，它从一个更高的层面上实现了人的共同性。通过诸如此类的辩证分析方式，黑格尔用他的哲学体系解释了整个世界，也对我们理解人在社会生活中的多样化身份提供了启发。在后续内容中，我们也会分析，人在私人生活和社会生活中，分别扮演怎样的角色，需要考虑哪些问题。

> 在劳动和满足需要的相互依赖性和交互关系中，主观的利己心转化为对满足其他一切人的需要具有帮助的东西，即通过普遍的东西使特殊的东西得到中介。这是一种辩证的运动，其结果，每个人在为自己取得、生产和享受的同时，也正是为了其他一切人的享受而生产和取得。在一切人全面交织起来的相互依赖性中［所含有］必然性，现在对每个人说来，就是普遍而持久的财富。这种财富对每个人说来包含着一种可能性，使他通过教育和技能分享到其中的一份，以便能为他的生计提供保障；另一方面通过他的劳动所中介的所得又保持和增加了普遍财富。[1]
>
> ——黑格尔《法哲学原理》

马克思高度评价黑格尔的辩证法，同时也明确指出，黑格尔以唯心主义的方式将观念与现实颠倒了过来。例如，从家庭，到社会，再到国家，这一发展过程的真实基础，是人类的物质生活的生产。由于生产力水平的提高、生产关系的复杂化，社会组织形式也随之复杂化，于是才有了不同于家庭的社会体系、国家制度。但是，黑格尔把这一过程颠倒地解释为观念的发展过程，把人的不同存在方式归结为抽象的哲学范畴，把这些哲学范畴的辩证发展视为现实发展的内在动力，这就造成了他的主客颠倒的错误。

> 我的辩证方法，从根本上来说，不仅和黑格尔的辩证方法不同，而且和它截然相反。在黑格尔看来，思维过程，即甚至被他在观念这一名称下转化为独立主体的思维过程，是现实事物的创

1　黑格尔：《法哲学原理》，邓安庆译，人民出版社，2016年，第341—342页。

造主，而现实事物只是思维过程的外部表现。我的看法则相反，观念的东西不外是移入人的头脑并在人的头脑中改造过的物质的东西而已。

……辩证法在黑格尔手中神秘化了，但这决没有妨碍他第一个全面地有意识地叙述了辩证法的一般运动形式。在他那里，辩证法是倒立着的。必须把它倒过来，以便发现神秘外壳中的合理内核。[1]

——马克思《资本论》

人类的社会生活，确实存在着一个辩证发展的过程。恩格斯说："世界不是既成事物的集合体，而是过程的集合体……在这种变化中……尽管有种种暂时的倒退，前进的发展终究会实现。"人类改造自然的方式不断发展，人与人结成的社会关系也在不断变化，在生产力与生产关系的推动之下，整个社会生活所包含的各个维度都会或快或慢地变化和发展。由此可见，推动社会生活发展的真正动力，并不是人的主观愿望，而是客观事物中内在蕴含的矛盾。人的主观愿望和动力具有能动作用，但也必须遵循客观事物的辩证发展规律，才能顺应事物发展的趋势。在面对社会生活时，马克思主义的辩证法思想和唯物主义立场是紧密联系在一起的，马克思关于社会历史的唯物主义观点和辩证法的思想方法并不是两个独立的东西，只有从人们改造自然、改造社会的实践出发，将它们高度统一起来，我们才能像马克思超越黑格尔那样，真正在现实的基础上，系统构筑我们对于社会生活的科学理解。

在马克思主义中国化的过程中，毛泽东将马克思主义基本原理同中国具体实际相结合、同中华优秀传统文化相结合，对马克思主义辩证法思想做出了新的贡献。他的《矛盾论》是一部光辉的哲学著作，不仅在当时极大地

---

1 《马克思恩格斯全集》第44卷，人民出版社，2001年，第22页。

促进了马克思主义的传播，有力地指导了中国革命实践，而且至今仍然具有深刻的启示意义，有助于我们立足中国的实际和中国人的文化基因，更好地理解和掌握辩证法的科学思想方法。

> 我们中国人常说："相反相成。"就是说相反的东西有同一性。这句话是辩证法的，是违反形而上学的。"相反"就是说两个矛盾方面的互相排斥，或互相斗争。"相成"就是说在一定条件之下两个矛盾方面互相联结起来，获得了同一性。而斗争性即寓于同一性之中，没有斗争性就没有同一性。[1]
>
> ——毛泽东《矛盾论》

新时代的我们，必须结合新时代中国的社会生活，将马克思主义辩证法思想同中华优秀传统文化中的辩证智慧结合起来，用我们的语言来理解辩证法、讲述辩证法、发展辩证法。习近平总书记指出："我们要善于通过历史看现实、透过现象看本质，把握好全局和局部、当前和长远、宏观和微观、主要矛盾和次要矛盾、特殊和一般的关系，不断提高战略思维、历史思维、辩证思维、系统思维、创新思维、法治思维、底线思维能力，为前瞻性思考、全局性谋划、整体性推进党和国家各项事业提供科学思想方法。"这为我们全面把握辩证法的科学内涵、培养自己的辩证思维提供了重要的指引。置身于充满矛盾运动和发展变化的世界中的我们，决不能把社会生活当作不变的东西，用形而上的思维方式来面对变化的社会生活。只有透过社会生活的表象，把握住内在的矛盾运动、本质规律，学会用普遍联系、变化发展的眼光来看待生活、看待他人、看待自己，才能与时俱进，把握住生活的节奏。

1　《毛泽东选集》第 1 卷，人民出版社，1991 年，第 333 页。

三 行动的启示：如何正确看待和化解生活难题？

辩证法不仅是一种思维的能力，也是一种生活的智慧。马克思主义的辩证法思想主要是面对人类社会历史的宏观变迁，揭示了全部社会生活的基础动力和发展机制。对于我们每一个个人而言，在生活哲学的层面，具备这种辩证法的宏观视野，培养这种辩证法的思维习惯，掌握这种辩证法的分析方式，对我们的生活有多方面的帮助。

第一，辩证的思维，有助于我们登高望远、不畏浮云。王安石的《登飞来峰》一诗中说："不畏浮云遮望眼，只缘身在最高层。"这就提示我们，只有提高思维的境界和看待问题的视野，才能"不畏浮云"。那么，怎么才能提高自己的思维境界和思考视野？怎么才能不被眼前的各种表面现象所干扰和迷惑？这就需要有辩证的思维。辩证法的核心能力，就是透过现象看本质，坚持用发展的眼光看问题，避免犯一叶障目、刻舟求剑的错误。面对自己生活中遇到的困难，我们可以尝试着变换一下观察的视角：一是努力深入事物的内在本质中，找到解决问题的办法；二是从更高维度上审视当前所处的境遇，在联系和比较中重新评估当前的情况，增强解决问题的信心。毛泽东的《论持久战》就是运用辩证法分析问题、解决问题的典范。毛泽东在抗日战争全面爆发近一年的历史节点，辩证地分析了敌我形势，反驳了"亡国论"和"速胜论"，系统论述了抗日战争的持久战性质和三个发展阶段：第一个阶段，是敌之战略进攻、我之战略防御的时期；第二个阶段，是敌之战略保守、

《论持久战》，解放社 1938 年版

我之准备反攻的时期；第三个阶段，是我之战略反攻、敌之战略退却的时期。毛泽东将辩证法关于事物变化发展的规律的认识具体运用到战争分析中，对战争的形势做出了科学的预测，增强了全民族抗战的信心，这也彰显了辩证思维在面对复杂形势、危急关头的重要指导意义。

第二，辩证的思维，有助于我们把握关键、提纲挈领。在我们的生活中，总会遇到这样或者那样的难题，这些难题往往是多重矛盾复杂交织的结果。如果找不到解决问题的路径，我们就会感到手足无措，甚至心焦气躁。这个时候，就需要辩证思维的指导。毛泽东在《矛盾论》中写道："研究任何过程，如果是存在着两个以上矛盾的复杂过程的话，就要用全力找出它的主要矛盾。捉住了这个主要矛盾，一切问题就迎刃而解了。"这是中国的马克思主义者对辩证法思想的经典阐释和重要贡献。在中国革命、建设和改革的各个历史时期，中国共产党人正是运用辩证法，抓住不同阶段的社会主要矛盾，才推动中国革命赢得胜利和社会不断向前发展。如何识别事物发展的内在矛盾，如何分辨其中的主要矛盾和次要矛盾，科学判断一个矛盾的主要方面和次要方面，对于我们科学分析问题，进而抓住解决问题的关键，具有十分重要的意义。中国特色社会主义进入新时代，我国社会主要矛盾转变为人民日益增长的美好生活需要和不平衡不充分的发展之间的矛盾，这是我们制定一系列新的方针政策，推动经济社会高质量发展的基础。

第三，辩证的思维，有助于我们统筹兼顾、不走极端。现代社会是一个复杂的巨系统，万事万物之间存在着普遍的联系，我们每个人在生活中都要面对着不同方面的事情，承担着不同的身份和任务。习近平总书记曾经这样回顾自己任县委书记时的往事："那时候我年轻，想办好事，差不多一个月大病一场。为什么呢？老熬夜，经常是通宵达旦地干。后来最后感觉到不行，这么干也长不了。先把自己的心态摆顺了。"他意识到，"你手里攥着千头万绪，工作是千头万绪，攥着一千个线头，但是一次针眼只能穿过一条线"。这就说明，想要开展好工作，同时兼顾好自己的生活、自己的身体，必须摆顺心态，"内在有激情，但是还要从容不迫"。总书记的故事启示我们，青少年群体虽然主要生活在校园和家庭的环境中，尚未真正步入社会，但恰恰由于缺乏社会生活和面对复杂社会关系的经验，常常会感到难以兼顾，甚至因此而产生较大的身心压力。这个时候，提高系统思维能力，科学安排好自己的生活，及时调整自己的状态，不使自己陷入某种暂时的困境而无法自拔，就显得格外重要。掌握了辩证思维的哲学智慧，你的人生也将迈上新的台阶，看到更加灿烂的风景。

拓展阅读

1.《马克思恩格斯全集》第 44 卷，人民出版社，2001 年。

2.《毛泽东选集》第 1 卷，人民出版社，1991 年。

3. 王弼注：《老子道德经注》，楼宇烈校释，中华书局，2011 年。

4.《柏拉图全集》第 1 卷，王晓朝译，人民出版社，2002 年。

思考探究

1. 结合前文中的相关引述，你认为苏格拉底的辩证法和老子的辩证法有哪些相似的地方，有哪些明显的不同？

2. 在日常生活中，如何运用矛盾分析的方法看待和解决问题？请结合自己的经历来思考这一问题。

第 **3** 讲

天道的启示

——如何从"天人合一"中汲取生活智慧？

对于生活在城市中的同学而言，我们每天穿行在钢筋丛林的建筑中，天地宇宙、山水田园与我们的生活渐行渐远。但是每当我们有机会仰望高山的雄伟，俯瞰大海的磅礴，体味四季的变换，感受自然的威力，总免不了思考一个问题：人如何立足于这个大千世界？天人关系是中国哲学中一个带有根本性的问题，天人合一是中国人的独特世界观。我们认为，人生于天地间，人的生命来源于天地，人必然应该遵循天地的规律与法则，也就是天道。天道好生恶杀，呈现出道德性，那么人应该与天地合一，过一种有道德的高尚生活。司马迁有言："究天人之际，通古今之变，成一家之言。"探寻天人之道，通达古今规律，形成自己的观点，成为中国历代读书人追求的目标。人生在世，要证悟天道，契合天道，以达成身心和谐、人我和谐、天人和谐。对于青少年而言，我们终究要走出校园，走向社会，去认识世界、改造世界。我们是谁，我们从哪里来，我们将要到哪里去，天人关系是我们终生都要思考的一个问题。

一 问题的缘起:"天人合一"的观念是如何产生的?

面对日月星辰、世事变迁,我们不禁要问:"世界从哪里来?""人与世界是什么关系?"这些都是世界观问题。世界观是人们对世界以及人与世界关系的总体看法和根本观点,有什么样的世界观就有什么样的人生观和方法论,"天人合一"是中国人独有的世界观。

"信而见疑,忠而被谤",当屈原人生困顿时,写下了《离骚》一文,他不由得感慨:"夫天者,人之始也;父母者,人之本也。人穷则反本,故劳苦倦极,未尝不呼天也;疾痛惨怛,未尝不呼父母也。"(《史记·屈原贾生列传》)天地是人类生命的始源,父母是人类生命的根本,人处于困境时就会反求本源,所以到了极其劳苦疲倦的时候,没有不叫天的;遇到病痛忧伤的时候,没有不叫父母的。屈原的感触体现了中国古人独特的世界观:我们在追寻生命的起源、世界的价值、人心的德性时,往往首先想到的是天地与父母。在中国文化中,天地和父母不仅创生了大千众生,而且赋予了大千众生以道德和规则。

《庄子》言:"天地与我并生,万物与我为一。"天地和我同生并存,而万物与我合而为一。中国哲学中的天人合一观点,首先认为人和万物是天地所生,人应该遵循天地的规律;其次认为天地的规律与人的道德具有高度的一致性,人应该遵从上天赋予的善性;再次认为人与人、人与世界万物都以天地作为共同本源,人与世界万物应该和谐相处。所以,中国古人认为天道与人道、天性与人性是一不是二,一脉相承、互相感通。《庄子·齐物论》记载了庄周梦蝶的故事,这个故事隐喻了天人一体的哲学思想和哲学境界。

昔者庄周梦为胡蝶,栩栩然胡蝶也,自喻适志与!不知周也。俄然觉,则蘧蘧然周也。不知周之梦为胡蝶与?胡蝶之梦为周与?周与胡蝶,则必有分矣。此之谓物化。

〔明〕陈洪绶《屈子行吟图》，上海博物馆藏

不知是庄周做梦变成了蝴蝶，还是蝴蝶做梦变成了庄周，这就是一种天人和谐统一的思想和境界。中国文人修养的最高境界，是物我两忘，与天地万物为一体。《周易·系辞下传》说："古者包牺氏之王天下也，仰则观象于天，俯则观法于地，观鸟兽之文与地之宜，近取诸身，远取诸物，于是始作八卦，以通神明之德，以类万物之情。"意思是古时候，包牺氏作为天下的君王，抬头观察天象，低头观察地理，观看鸟兽的纹理和土地所适宜，近处取法于自身，远处取法于万物，于是开始创作八卦，用来感通神明的道德，用来分别万物的情状。从上面一段话看来，中国人的学问从一开始就呈现出人文性而不是宗教性，因为我们的学问是从观察天地万物的道理中推导总结出来的，是从反观自我身心的本性中体验感悟出来的，结论就是天地万物具有道德统一性。那么，人生在世，应该积极追寻天道，做到"推天道以明人事""制天命而用之"。

二 哲学的解答："天人合一"有哪些思想内涵？

"天"在中国哲学中是一个非常复杂的概念，总的说来可以分为"自然之天"与"价值之天"两重概念。所谓"自然之天"意指客观世界的存在与规律，"价值之天"则含有道德意味，为人的生命和道德赋予了终极来源和意义。因为对天的两重含义的不同理解，中国人对天道的认识也分成了两种观点，一种是道家自然主义的观点，一种是儒家人文主义的观点。

在道家看来，天地是一个自然而然的存在，人们应该自然无为，不应该对自然界或自己的心灵过多干预。"道可道，非常道；名可名，非常名。"老子认为作为世界本源和本质的天道是一个随时在我们身边但又无形无相、不可言说的存在。说随时在我们身边是因为万事万物都遵循道的规律生存消亡，说无形无相是因为任何一个具体的事物或词语都不能代表道的本来面目。正如《老子》所言：

有物混成，先天地生，寂兮寥兮，独立而不改，周行而不殆，可以为天地母。吾不知其名，字之曰道，强为之名曰大。大曰逝，逝曰远。远曰反。

在老子看来，道是独立于世界万物的宇宙本源，无形无相，周而复始，其生化万物的过程也是恍恍惚惚、不可描述的。再如《老子》所言：

道之为物，惟恍惟惚。惚兮恍兮，其中有象；恍兮惚兮，其中有物。窈兮冥兮，其中有精；其精甚真，其中有信。自今及古，其名不去，以阅众甫。

虽然道和道生化万物的过程无形无相不可描述，但是还可以有个顺序，那就是"道生一，一生二，二生三，三生万物"。无形无相的道处于混沌状态，因为阴阳感应便产生了具体的存在，无数个具体的存在就形成了大千世界，这个形成的过程是自然而然的过程，没有一丝超越物质的意志在里面，所以

〔明〕《孔子圣迹图·问礼老聃》，孔子博物馆藏

道家的天道是一种自然的规律，不因为人的情感和意志而改变。《老子》言："天下万物生于有，有生于无。"天下的万物产生看得见的有形质，有形质又产生于不可见的无形质。因为道是天地的根源，是万物形成的规则，人生在世就应该遵循道的自然规律，对于人生和事物都顺从其自然的天性，不刻意妄为。这就是《老子》说的"人法地，地法天，天法道，道法自然"。"道生一，一生二，二生三，三生万物。""人法地，地法天，天法道，道法自然。"这两句话因为逻辑相洽、文字相合，成为千古传诵的佳对。

〔宋〕李唐《濠梁秋水图》（局部），天津博物馆藏

庄子进一步发展了道家的自然主义天人观。《庄子·齐物论》中"齐物"的意思是一切事物归根到底都是无区别的，没有是非、美丑、善恶、贵贱之分。人总是以自己的角度来评判世界，这是一种偏见。正如庄子所说："毛嫱丽姬，人之所美也，鱼见之深入，鸟见之高飞，麋鹿见之决骤。四者孰知天下之正色哉？"意思是毛嫱和丽姬，是人们喜欢的美女，可是鱼儿见了她们就潜入水底，鸟儿见了她们就飞向天空，麋鹿见了她们就飞快地逃离。人、鱼、鸟和麋鹿究竟谁才懂得天下真正的美色呢？万物都是浑然一体的，没有对错美丑之分，而世俗的分别都是人类自己对自己的束缚。正如《老子》所言："大道废，有仁义；智慧出，有大伪；六亲不和，有孝慈；国家昏乱，有忠臣。"大道被废弃了，才有提倡仁义的需要；聪明智巧的现象出现了，伪诈才盛行一时；家庭出现了纠纷，才能显示出孝与慈；国家陷于混乱，才能见出忠臣。文明虽然给人类带来了文化和物质，但是对文化和物质的片面追求也会造成异化，给人带来痛苦，所以要道法自然，破除文明对人类的束缚。

天地是一个好生、爱物的存在，作为天地所生育的人们，应该发扬自己的善性，光明自己的美德，与天地合而为一。与道家不同，儒家认为作为万物本源的天，在生化万物的过程中呈现出道德性，人应该与天地一样发扬善良的美德。《周易》说"天之大德曰生"，天地之所以能够生化万物就是因为秉有一种生生不息的美德。《周易》将天地人称为"三才"，人作为天地所生，应该遵循天地的规律，积极做到与天地并列为三。所以《周易》进一步说："立天道曰阴阳，立地道曰柔刚，立人道曰仁义。"也就是说，人应该遵循仁义的天道，仁义与阴阳、柔刚是相通的。孔子说"天生德于予"，人是天地所生，自然禀赋了天地的这种好生恶杀的规律，这种规律在人的心中体现为仁德。《诗经·烝民》言："天生烝民，有物有则。民之秉彝，好是懿德。"这句诗很好地描述了这个过程。天地有其仁爱的法则，因而生育了人民；人民秉承了天地的法则，因而表现出仁爱的美德。所以儒家认为，只要向自己的内心寻找，就可以证悟天道，只要遵循自己内心的善念，就是践行天道。正如孟子所说：

> 尽其心者，知其性也。知其性，则知天矣。存其心，养其性，
> 所以事天也。夭寿不贰，修身以俟之，所以立命也。

孟子说，充分发扬善良的本心，这就是懂得了人的本性。懂得了人的本性，就懂得天命了。保持人的本心，培养人的本性，这就是对待天命的方法。短命也好，长寿也好，我都不三心二意，只是培养身心，等待天命，这就是安身立命的方法。因为"万物皆备于我矣。反身而诚，乐莫大焉。强恕而行，求仁莫近焉"。世界万物都为我具备好了。反身自问而诚实无欺，就有莫大的快乐。按照推己及人的恕道尽力而为，就是求仁的捷径。到宋明理学时，王阳明以良知作为沟通天人的桥梁，进一步发展了儒家的天人关系理论。王阳明认为，"吾心之良知，即所谓天理也"，"天理在人心，亘古亘今，无有终始，天理即良知"。良知也就是心，既包含了作为天地本源和万物运行规律的天道，又能够在日常生活中将天道以活泼泼的形式表现出来。真正的圣贤都生

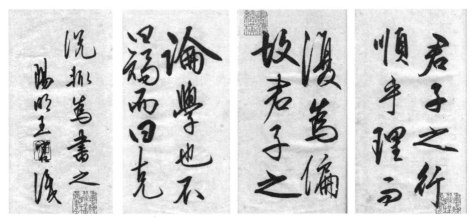

〔明〕王阳明书法作品《矫亭说》（局部），上海博物馆藏
在开篇提出"君子之行，顺乎理"的基础上，文中结合学习论述道："故君子之论学也，不曰矫而曰克。""克"即是"心学"主张，强调个体内心的自觉、自主的活动。

活在一种活泼泼的境界中，正如王阳明弟子跑过来兴冲冲地对他说"满大街都是圣人"，王阳明笑着说，"你看大街上的人都是圣人，满大街的人看你也是圣人"，这就是"天人合一"的境界。

③ 行动的启示：如何在生活中汲取"天人合一"的智慧？

实践是认识的来源，认识是实践的指导，不同的世界观有不同的人生观和方法论，根据不同的天道观，也有不同的修养论。儒家和道家的天道观一个讲有，一个讲无，一个讲自强不息，一个讲厚德载物，一个讲道德礼仪，一个讲无为自然，可以相互补充、相互借鉴，支撑中国人的有为与无为、得意与失意。

在有限的人生中，我们要自强不息，积极有为。《周易》有言："天行健，君子以自强不息；地势坤，君子以厚德载物。"上天作为万事万物的本原，因为生生不息的精神生育万物，而大地因为厚重包容而哺育生命，天地交泰让天下鸟语花香、繁衍生息。人作为天地中最有灵性的存在，应该在这个过程中参赞天地之化育，做到相互友爱，推动天地人相和谐，最后达到一种"老吾老以及人之老，幼吾幼以及人之幼""天地与我并生，万物与我为一"的境界。中华民族在复兴路上不断推动共同富裕，建设美丽中国，构建人类命运共同体，都是"天人合一"理念的现代实践。青少年肩负着中华民族伟大复兴的重任，应该将个人理想与家国天下结合起来，将个人发展与天人和谐结合起来，在建设社会主义现代化强国的伟大征程上，书写自己的青春，努力在实现中华民族伟大复兴中国梦的生动实践中放飞青春梦想。

在纷繁的世界里，我们也要学会柔弱不争，自然无为。天地生育万物，是一个自然无为的过程，正是因为无为而能够无不为。《老子》认为道在生育万物的过程中"生而不有，为而不恃，长而不宰"，让万物随着自然的天性自己成就自己。虽然道在万物生长中不加以干涉、不居功自傲，但万物的生长繁荣不影响作为本源的道的强大，这教会我们在治国理政、处世修身中要自然无为，遵循世界的规律，不刻意妄为。所以，美政善治并不是严刑峻法，而是顺应万物的天性道法自然，达到《老子》中"功成事遂，百姓皆谓我自然"的境界。道生万物，无形无相，也意味着这个世界充满着偶然性，遇到问题时，我们要学习道家智慧，从事物的另一个方面来思考问题。道家教我们学会从反面看问题，所以人生要知多也要知少，要知进也要知退。南怀瑾在《论语别裁》中认为，儒家是中国人的粮食店，没有粮食店，中国人就会忍饥挨饿，因为中国的社会秩序需要仁义道德来维系；"道家则像药店，不生病可以不去，生了病则非去不可。生病就好比变乱时期，要想拨乱反正，就非研究道家不可。道家思想，包括了兵家、纵横家的思想，乃至天文、地理、医药等等，无所不包，所以一个国家民族生病，非去这个药店不可"。

正是自然无为的智慧教我们在为人处世过程中致虚守静、柔弱不争。一个杯子之所以能装水是因为它的内心是空虚的，一潭湖水之所以是清澈的是因为它的湖面是平静的，只有致虚守静才能放下傲慢与偏见，从而接近世界的真相。《老子》说："天下莫柔弱于水，而攻坚强者莫之能胜。"弱之胜强、柔之胜刚是天下的大道理。老子跟随老师常枞学习，年老的常枞张开嘴给老子看，问道："我的舌头还在吗？"老子说："还在。"常枞又问："我的牙齿还在吗？"老子说："不在了。"常枞问老子："你知道原因吗？"老子回答："舌头之所以存在，是因为柔软；牙齿不存在，是因为刚硬。"常枞说："回答得太好了！"天下最柔软的莫过于水了，但攻坚克强却没有什么东西能胜过水。为人处世要像水一样柔弱不争，既要坚定自己的志向，又要有韧性，不盲目蛮干，从容淡定，盈科而进。上善若水，水善利万物而不争，低调谦逊，但行正道，莫问收获，蓦然回首，你已经是参天大树！

中国人讲究天人合一，要求我们正确处理人与自然的关系，做到天人和谐。《礼记》提出"万物并育而不相害，道并行而不相悖"的思想，《庄子》提出"天地与我并生，万物与我为一"的思想，儒家和道家都非常注重人与自然和谐发展，体现出人与自然和谐共生、可持续发展的可贵思想。如《孟子》言："不违农时，谷不可胜食也；数罟不入洿池，鱼鳖不可胜食也；斧斤以时入山林，材木不可胜用也。谷与鱼鳖不可胜食，材木不可胜用，是使民养生丧死无憾也。养生丧死无憾，王道之始也。"不耽误农业生产的季节，粮食就会吃不完。密网不下到池塘里，鱼鳖之类的水产就会吃不完。按一定的季节入山伐木，木材就会用不完。粮食和水产吃不完，木材用不完，这就使百姓没有什么不满了。百姓对生活没有什么不满，这是王道的开端。我们要从中华优秀传统文化中汲取宝贵的理论资源，保护环境，满足人民对美好生活的需求，推动中华民族和人类社会实现可持续发展。

党的十八大站在历史和全局的战略高度，对推进新时代"五位一体"总体布局做了全面部署，从经济、政治、文化、社会、生态文明五个方面，制定了新时代统筹推进"五位一体"总体布局的战略目标。"五位一体"指的是经济建设、政治建设、文化建设、社会建设、生态文明建设的统一。改革开放四十多年来，中国共产党对于建设什么样的社会主义不断探索，从"两手抓、两手都要硬"，到"三位一体""四位一体"，再到"五位一体"，党的十八大将生态文明建设纳入中国特色社会主义事业总体布局，使生态文明建设的战略地位更加明确。在新时代新征程上，我们要加强生态文明建设，要坚持人与自然和谐共生，形成节约资源和保护环境的空间格局、产业结构、生产方式、生活方式，还自然以宁静、和谐、美丽。孟子说"亲亲而仁民，仁民而爱物"，意思是亲爱亲人而仁爱百姓，仁爱百姓而爱惜万物。中国人在爱护天下万物的过程中展现了我们独特的民族品格和精神追求。习近平总书记指出："人与自然共生共存，伤害自然最终将伤及人类。空气、水、土壤、蓝天等自然资源用之不觉、失之难续。工业化创造了前所未有的物质财富，也产生了难以弥补的生态创伤。我们不能吃祖

宗饭、断子孙路，用破坏性方式搞发展。绿水青山就是金山银山。我们应该遵循天人合一、道法自然的理念，寻求永续发展之路。"党的二十大擘画了全面建设社会主义现代化国家、以中国式现代化全面推进中华民族伟大复兴的宏伟蓝图。中国式现代化是人与自然和谐共生的现代化。我国建设的社会主义现代化具有许多重要特征，其中之一就是人与自然和谐共生的现代化，注重同步推进物质文明建设和生态文明建设，这与我国"天人合一"的哲学理念是不谋而合的。

拓 展 阅 读

1. 冯友兰：《中国哲学简史》，译林出版社，2018 年。
2. 李申等：《儒教天道观》，国家图书馆出版社，2010 年。
3. 陈鼓应注译：《老子今注今译》，商务印书馆，2016 年。
4. 陈鼓应注译：《庄子今注今译》，商务印书馆，2016 年。

思 考 探 究

1. 中国古代哲学中强调的"天道"为什么好生恶杀？谈谈你的理解。
2. 在科技发达的时代，"道法自然"的启示意义是什么？

第 4 讲
仁爱的境界

——如何用"黄金法则"协调人际关系？

我们在学习生活中同处一个教室甚至一个寝室，如何协调人际关系是一个影响同学们心情的重要问题。在人与人相处中，我们经常说到"将心比心"是最好的相处方式。"将心比心"这个成语源于儒家"己所不欲，勿施于人"的仁恕之道。"己所不欲，勿施于人"不仅是儒家仁爱思想的重要内涵，而且是处理家庭关系、人际关系、国际关系的重要原则。中国哲学是一门生命的学问，不仅关心人自身的成长完善，关心同胞兄弟的幸福安康，还关心天地万物的和谐共处。《论语》中"仁"字出现了 109 次，一言以蔽之，儒家的根本精神是仁爱，甚至可以说中华民族的根本精神也是仁爱。仁爱源于天地生育万物的规律，根源于人内心深处天生的善性，是处理人与人之间、人与自然之间关系的黄金法则，对于构建和谐社会具有重要的意义。孝、悌、忠、信、礼、义、廉、耻，被称为中华民族的"八德"，这"八德"都是仁爱精神的体现，是中华民族的精神基因。

一 问题的缘起：什么是协调人际关系的"黄金法则"？

作为人的人，不仅是社会的人，而且是天地的人，人生活在这个世界中，既要处理好家庭关系、人际关系，也要处理好国家关系、自然关系，其中有没有一条可以放之四海而皆准的法则或智慧，值得深思。纵观人与人之间的争端与矛盾，人与自然之间的破坏与报复，根源在于没有树立一种正确的价值观。

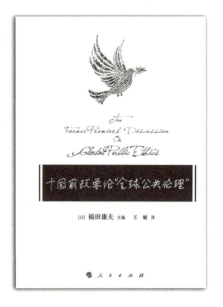

《十国前政要论"全球公共伦理"》书影

《十国前政要论"全球公共伦理"》一书指出了解决世界纷争的黄金法则——"己所不欲，勿施于人"。这句出自两千五百多年前《论语》中的古老东方智慧，依然是当今避免国际争端、宗教文化冲突最有效的手段之一，也是当代人类经过两次世界大战以及东西方冷战等历次重大灾难之后的感悟。"己所不欲，勿施于人"正是孔子仁学思想的重要内容。《联合国宪章》中所确立的"和平解决争端""主权平等""不干涉他国内政"等一系列宗旨和原则，也是这一思想的重要体现。中国一直坚持走和平外交路线，我们今天的高质量发展走的是一条仁爱之路。习近平总书记在 2019 年亚洲文明对话大会开幕式上的主旨演讲中指出，"亲仁善邻、协和万邦，是中华文明一贯的处世之道"。

"仁"字在一些古籍中写作上面一个"身"，下面一个"心"，由此可见在古代仁学探讨的是身与心的问题。后来"仁"字演化成"人"与"二"，东汉许慎《说文解字》说"仁，亲也，从人从二"。清代段玉裁解释为"亲者，密至也。从人二，相人偶也。人偶犹言尔我亲密之词。独则无偶，偶则相亲，故其字从人二"。

《说文》古文　甲骨文　　小篆　　楷书

"仁"字的演变

从古人对"仁"字的解释中可以发现，仁是身与心和谐相处、人与人之间亲密无间的体现。后来，随着儒学理论的发展，仁成为人与自然之间亲密关系的体现。孟子说"亲亲而仁民，仁民而爱物"，仁爱的智慧指引中华民族在处理身体和心灵的关系、人与人的关系、人与自然的关系中发挥了重要作用，对建设人类命运共同体、世界大同具有深刻的意义。

二 哲学的解答：如何理解仁爱的"黄金法则"？

"仁爱"思想是中华优秀传统文化的核心精神之一，深深影响了中国传统国民的性格和行为选择。"仁爱"思想是传统儒学的核心，"仁"在儒学史上被升华为儒学本体论的灵魂。继承和发扬中华优秀传统文化，最根本的是继承和发扬传统"仁学"或传统"仁学本体论"。本体论是指关于存在及其本质和规律的学说，儒家认为仁爱是天地万物存在的本质。

仁是什么？孔子说他有一个一以贯之的思想，那就是仁。仁是儒家思想的根本。《论语》记载："樊迟问仁。子曰：爱人。"在这一回答中，孔子以"爱"解释仁，并指出爱的对象是人。"人"在这里是一个普遍概念，"爱人"所体现的是君子对所有人都应抱有"爱"的情怀。但"爱"不仅有普遍性，也有特殊性，它随着仁德的展开而披露出多方面的蕴含。仁者爱人，爱人是仁的核心，比如孔子家的马厩着火了，孔子一回家没有先问损失了多少马，而是问是否伤到了人。仁爱虽然是普遍的，但在先后顺序上爱有等差，我们首先要做到爱父母兄妹、爱亲戚朋友，在此基础上还要博爱天下的人，进而泛爱世界万物。《孟子》言：

> 仁者爱人，有礼者敬人。爱人者，人恒爱之，敬人者，人恒敬之。

意思是说，君子内心的追求是仁。仁爱的人爱别人，礼让的人尊敬别人。爱别人的人，别人会爱他；尊敬别人的人，别人也会尊敬他。孟子认为，在互敬互爱中，社会实现和谐。

冯友兰在《中国哲学史》中指出："'为仁之方'在于'能近取譬'，即谓为仁之方法在于推己以及人也。'因己之欲，推以知人之欲'，即'己欲立而立人，己欲达而达人'，即所谓忠也。'因己之不欲，推以知人之不欲'，即'己所不欲，勿施于人'，即所谓恕也。实行忠恕即实行仁……孔子一贯之道为忠恕，亦即谓孔子一贯之道为仁也。为仁之方法如此简易。"爱人可以分为两个层面，忠和恕。第一个层面是恕，可以解释为"己所不欲，勿施于人"，意思是自己不想要的东西不要轻易施加到别人身上，要学会将心比心，相互理解，相互尊重，相互包容。《论语》有言："躬自厚而薄责于人，则远怨矣。"意思是说自我反省、自我修养，少去指责别人，就远离怨恨了。"己欲立而立人，己欲达而达人。""修己以安人，修己以安天下。"这是仁的第二个层面：忠。有仁德的人，自己想站得住（指立身），也让他人站得住；自己想行得通（指事业通达），也让他人行得通，通过修养自己，让天下人安宁。但是把自己想要的给别人有个前提：自己不想要的不要给别人，自己想要的要谨慎地给别人。所以，恕是忠的前提。仁爱就是忠恕之道，就是在仁爱的原则下推己及人，帮助他人不断进步。所谓恕是内圣的仁，强调自我修养，强调彼此宽容；忠是外王的仁，强调相互帮助，积极有为。孔子所赞扬的美德，如恭、宽、信、敏、惠、刚、毅、木、讷、温、良、俭、让，都是仁爱的体现。

仁首先是一种最原始的情感。《论语》言："孝弟也者，其为仁之本与。"对父母兄弟姐妹的爱是最原始的仁，人对自己亲人的爱是最天然的情感，也是实现仁德最基础的要求，要做到父慈子孝，兄友弟恭。《孟子》言："人之所以异于禽兽者几希。"人之所以为人就是因为人具备仁德，所以说仁是人的类本质。仁还是一种社会关系的要求。《论语》言：

> 弟子入则孝，出则弟，谨而信，泛爱众，而亲仁。行有余力，则以学文。

人不仅要在家庭中践行孝悌仁爱，更要将这份爱推己及人，在社会关系中做到"老吾老以及人之老，幼吾幼以及人之幼"。这还不够，还要在人与自然关系中做到《孟子》所言"亲亲而仁民，仁民而爱物"，即亲爱亲人而仁爱百姓，仁爱百姓而爱惜万物。第三个层面，仁必须实践。《论语》言："君子无终食之间违仁，造次必于是，颠沛必于是。"君子不会有一顿饭的时间离开仁德，即使在匆忙紧迫的情况下也一定要遵守仁德，在颠沛流离的时候也一定与仁德同在。无论是社交还是独处，无论是顺境还是逆境，都需要遵守仁的准则。

> 子贡曰："如有博施于民而能济众，何如？可谓仁乎？"子曰："何事于仁，必也圣乎！尧舜其犹病诸！"

子贡问，如果一个人能广泛地给民众以好处，而且能够帮助众人生活得很好，这人怎么样？可以说他有仁德了吗？孔子回答说，哪里仅仅是仁德

呢，那一定是圣德了！尧和舜大概都难以做到！一个有仁德的人，自己想树立的，同时也帮助别人树立；自己要事事通达顺畅，同时也使别人事事通达顺畅。凡事能够推己及人，可以说是实行仁道的方法了。孔子认为，只要能够将仁爱之心推及人民幸福、万物和谐上就可以成为圣人。

在儒家思想的发展阶段，孟子同样是一位十分重要的思想家，其最大的贡献就是对孔子仁学的继承和创新。首先，孟子对于孔子的仁学思想进行了一定程度的完善，那便是建构了仁的人性论基础。对于为什么人可以行仁，孔子似乎没有谈及这一问题。孟子看到了孔子仁学的理论漏洞，用人性善作为行善、为仁的理论奠基。孟子基于情感的视角分析了人的本心之善，从而说明人性本善。《孟子》言：

> 今人乍见孺子将入于井，皆有怵惕恻隐之心，非所以内交于孺子之父母也，非所以要誉于乡党朋友也，非恶其声而然也。由是观之，无恻隐之心，非人也；无羞恶之心，非人也；无辞让之心，非人也；无是非之心，非人也。恻隐之心，仁之端也；羞恶之心，义之端也；辞让之心，礼之端也；是非之心，智之端也。

孟子认为，之所以说每个人都有怜悯体恤别人的心情，是因为如果有人突然看见一个孩子要掉进井里去了，必然会产生惊惧同情的心理，这不是因为他想要去和这孩子的父母拉关系，不是因为想要在乡邻朋友中博取名声，更不是因为厌恶这孩子的哭叫声。在孟子的这段论述中，他以孺子将入于井为情景设置，认为人面对这种突发情形，都会产生同情的心理，想要救助这个孩子，进而认为恻隐之心、羞恶之心、辞让之心、是非之心都是人天生就具有的。孟子认为善心是作为善根存在于人心之中的。善良之心只有一个，恻隐、羞恶、辞让、是非是这一颗善良之心的不同体现。《孟子》言："凡有四端于我者，知皆扩而充之矣，若火之始然，泉之始达。苟能充之，足以保四海；苟不充之，不足以事父母。"善心作为善的种子存在于人自身之中，就应当不断培育，让其能够生根发芽，最终成为人格完善的参天之树。如果人不去培养和扩充人的善性，善根就会枯萎。孟子在人性善的理论基调之上，进而固化了孔子之仁道德内求的理论向度。推行"仁"不能仅仅停留于理论的深化，关键是给人民丰富的物质生活条件。正所谓仓廪实而知礼节，衣食足而知荣辱。教人行善，必须满足其物质生活需求。爱人就需要给人民以土地、食物，以便使民众能够赡养父母、抚育妻子。爱人的最高境界不仅仅是爱亲人，还要爱天下人、爱世界万物，让内心之仁与天地之仁合为一体。

三 行动的启示：如何立足新时代践行"黄金法则"？

2016 年 5 月 17 日，习近平总书记在哲学社会科学工作座谈会上的讲话指出，绵延几千年的中华文化，是中国特色哲学社会科学成长发展的深厚基础。要深刻认识和把握传统"仁爱"思想的内涵与意义，更好地发挥其滋润养育新时代公民道德的功能和作用。"仁爱"是社会主义核心价值观的重要源泉，现代国家、社会和个人的发展，必须以"爱人"为前提和目的。

仁者爱人，践行仁爱精神就要坚持生命至上原则，要把人民群众的生命安全和身体健康放在第一位。习近平总书记指出，生命至上，集中体现了中国人民深厚的仁爱传统和中国共产党人以人民为中心的价值追求。"人民至上，生命至上"是习近平总书记 2020 年 5 月 22 日在参加十三届全国人大三次会议内蒙古代表团审议时发表的重要讲话中提出的，是中国共产党根基在人民、血脉在人民，始终坚持以人民为中心的发展思想，坚持人民主体地位，秉持人民至上的政治品格在治国理政中的展现。人民健康是社会文明进步的基础，是民族昌盛和国家富强的重要标志，也是广大人民群众的共同追求。 2020 年 9 月 22 日，习近平总书记在教育文化卫生体育领域专家代表座谈会上的讲话指出:"要把人民健康放在优先发展战略地位,努力全方位全周期保障人民健康,加快建立完善制度体系,保障公共卫生安全,加快形成有利于健康的生活方式、生产方式、经济社会发展模式和治理模式,实现健康和经济社会良性协调发展。"所以,践行仁爱精神,保护人民身体健康,成为我们治国理政中的重要任务。

《论语》有言:

> 士不可以不弘毅,任重而道远。仁以为己任,不亦重乎?死而后已,不亦远乎?

仁,作为天地赋予人的本性,我们一方面要向内心中找寻,另一方面要以之为处理人际关系的原则,同时还要将其视为自己的人生准则和终极追求,用人生事业来将其践行。这也就是《论语》"志士仁人,无求生以害仁,有杀身以成仁"的深刻内涵。所以,践行仁爱精神,要做到反求诸己、将心比心、泛爱天下。

反求诸己。孔子说:"为仁由己,而由人乎哉。"也就是说,践行仁爱是自己的事情,要先管好自己,再去管别人。怎么管理自己呢?要做到克制自己不合理的欲望。我们认为合理的欲望是正当的,过度的欲望是要克服的。孔子认为:"君子求诸己,小人求诸人。"这还只是一种道德要求,孟子将这种道德要求上升到一种天性。孟子说:"万物皆备于我矣。反身而诚,乐莫大焉,强恕而行,求仁莫近焉。"万物我都具备了,反躬自问诚实无欺,便是最大的快乐;尽力按恕道办事,便是最接近仁德的方式。人的仁心是天地赋予的,践行仁爱,只需遵从自己善良的内心,就可以与天地一体,所以在生活的处处都践行仁爱精神。

将心比心。孔子的"己所不欲,勿施于人"被后世儒者不断丰富,将心比心的交往之道称为"絜矩之道"。《大学》有言:"所恶于上,毋以使下;所恶于下，毋以事上；所恶于前，毋以先后；所恶于后，毋以从前；所恶于右，毋以交于左；所恶于左，毋以交于右。此之谓絜矩之道。"意思是，如果厌恶上司对你的某种行为，就不要用这种行为去对待你的下属；如果厌恶下属对你的某种行为，就不要用这种行为去对待你的上司；如果厌恶在你前面的人对你的某种行为，就不要用这种行为去对待在你后面的人；如果厌恶在你后面的人对你的某种行为，就不要用这种行为去对待在你前面的人；如果厌恶在你右边的人对你的某种行为，就不要用这种行为去对待在你左边的人；如果厌恶在你左边的人对你的某种行为，就不要用这种行为去对待在你右边的人。这就叫作"絜矩之道"。我们每个人生活在这个世界上，总有自己的经历、性格、情感、喜好等特点，如果希望别人完全顺从自己，而不能去体谅别人，那很难得到真诚的友谊和别人的理解。无论是从肯定方面还是否定方面，都要以自己的感受作为标准与别人交往，这样就可以帮助我们实现人与人之间关系的和谐。

泛爱天下。孔子还主张："四海之内，皆兄弟也。"要以仁爱的方式来对待世界各国的人民，这在今天对于处理人与人的关系，增进世界和谐有重要的现实意义。张岱年在《中国哲学大纲》中说："'己欲立而立人，己欲达而达人'，乃是仁的本旨。'立'是有所成而足以无倚；'达'是有所通而能显于众。自己求立，并使人亦立；自己求达，并使人亦达：即自强不息，而善为人谋。简言之，便是成己成人。'能近取譬'，则是为仁的方法，即由近推远，由己推人；己之所欲，亦为人谋之，己之所不欲，亦无加于人。"仁的最高境界就是《礼记·礼运》所描述的大同社会那样："人不独亲其亲，不独子其子。使老有所终，壮有所用，幼有所长，矜寡孤独废疾者，皆有所养。"意思是，人们不仅仅亲爱自己的亲人，不仅仅慈爱自己的子女，还要让年老的人都有归宿，年壮的人都有用处，年幼的人都得到抚养，让社会上可怜的人都能得到供养。在此基础上实现《中庸》的要求："致中和，天地位焉，万物育焉。"也就是身心和谐、人际和谐、世界和谐、天人和谐。正是在这种"泛爱"情怀的思想基础上，仁爱精神构成了人类命运共同体理论的精神根基。"仁爱"精神所主张的"天下一家""协和万邦""天下大同"为人类命运共同体奠定了坚实的思想基础。党的十八大以来，从践行"创新、协调、绿色、开放、共享"的新发展理念，到倡导共商共建共享的"一带一路"；从为全球治理贡献"中国方案"到明确提出"双碳"目标应对全球挑战；从人类卫生健康共同体、网络空间命运共同体到全球发展命运共同体，中国用实际行动丰富和完善人类命运共同体理念，回应时代关切。联合国秘书长古特雷斯表示，中国的支持对多边主义至关重要，期待中国在国际事务中继续发挥重要领导力。中国将不断在国际舞台上彰显大国风范和仁爱之心。

在与同学、朋友相处时，我们要秉持"己所不欲，勿施于人"的原则，尊重事物的多样性和观点的多元性，享受世界的精彩纷呈，接纳他人与自己的不同，也正视自己与他人的差异，求同存异，互帮互助，为青春留下一份团结友爱、善意环绕的美好回忆。

拓展阅读

1. 杨伯峻译注：《论语译注》，中华书局，2009 年。
2. 杨伯峻译注：《孟子译注》，中华书局，2008 年。

思考探究

1. 现代人怎样在生活中践行本讲中所提到的"絜矩之道"？

2. 作为中学生，我们怎样在日常生活中践行仁爱精神？

第 5 讲

家庭的意义

——如何从历史和哲学的角度理解家庭？

一千个家庭，一千个故事。在我们眼中，家庭可能是可口的饭菜、避风的港湾，可能是父亲的慈爱、母亲的唠叨……家庭是个人安身立命的地方，家庭是天然的、基本的社会单元，家庭对个人幸福和社会和谐具有重要意义。无论我们感受到的是支持还是束缚，是幸福还是忧愁，家庭是我们无法逃避的话题，只有勇于面对，不断探索家庭幸福的密码，才能促进个人成长、家庭美满、社会和谐。随着社会的不断变迁，家庭也发生了巨大的变化，认识家庭的意义对于个人和社会都是一个重要的课题。

一 问题的缘起：中国人的"家庭"有怎样的传统和变化？

家庭是一种以血缘为基础的社会单元，以共同居住、经济合作和繁衍后代为特征。在古代，由于生产力落后，农耕民族需要聚居在耕地周围生产、生活，所以古代村落居民大都具有血缘关系。在我国古代，家庭与家族关系密切，以血缘维系的传统乡村社会是基层社会的重要组成部分，家族式的大家庭具有生产、生养、教育、社会治理等功能。可以说，中国的传统家庭是一个依赖血亲关系而维系的家族系统。费孝通在《乡土中国》里提出了"熟人社会"的概念，顾名思义，熟人社会是一个没有陌生人的社会。社会成员因血缘、地缘等聚集在一起生活、生产，从而形成一个稳定的社会，在这个社会里社会成员彼此亲密、信任、互惠，他们传承着共同的文化，遵守着共同的规则，是古代社会结构的重要组成，家族或者家庭发挥着重要的治理功能。费孝通在《乡土中国》里写道：

> 中国乡土社会以宗法群体为本位，人与人之间的关系，是以亲属关系为主轴的网络关系，是一种差序格局。在差序格局下，每个人都以自己为中心结成网络。这就像把一块石头扔到湖水里，以这个石头（个人）为中心点，在四周形成一圈一圈的波纹，波纹的远近可以标示社会关系的亲疏。

《乡土中国》书影

费孝通认为，"差序格局"是熟人社会的社会结构，也是熟人社会的行动规则，社会成员因其与其他社会成员的关系亲疏而采取不同的行动标准。比如，对关系亲近的人讲情感、讲责任，对关系疏远的人讲理性、讲利益。熟人社会有其稳定性，故而熟人社会的治理方式是礼治，而不是法治，具体包括"礼治秩序""无讼""无为政治""长老政治"等。《大学》所言"身修而后家齐，家齐而后国治，国治而后天下平"，就是针对家族社会而言的，家族是基层社会的重要组成部分，只要治理好了家族，那么基层便稳定了。在传统的儒家看来，一切的人生智慧和社会秩序都是从家庭培养起来的。离开了正确的家庭观念，离开了合理的家庭环境，人的生存和社会秩序就会受到不良影响。

如今家庭的类型越来越丰富。从20世纪开始，家庭在世界范围内越来越呈现出多样化，包括以下几个普遍性的变化：家族与其他亲属群体的影响力逐渐减小，自由选择配偶的方式渐成普遍的趋势，女性的权利越来越普遍受到认可，越来越承认、发展儿童权利等。根据现有研究，中国当代家庭变化的趋势是规模变小、代数变少，三四口人的家庭成为最主要的家庭模式。相关数据显示，在家庭户规模的分布上，20世纪80年代四人户的比例最高，到20世纪90年代，三人户的比例升到最高。三代为主的主干家庭基本保持不变，但家庭总人数比以往有所减少。主要家庭模式趋于稳定，家庭形式更为多样。

在家庭功能方面，由于家庭观念的悠久传承和结构性因素的制约，传统家庭的形式仍占据主导地位，生、养、教化功能仍多由家庭承担。但由于人的生产已被纳入社会发展的整体规划之中，生育子女不再只是个人的事，人们的生育观念也发生了转变。我国改革开放四十多年来，享受了人口数量庞大给经济发展带来的红利，经济社会取得了较快发展。人口红利是指一个国家的劳动年龄人口占总人口比重较大，抚养率比较低，为经济发展创造了有利的人口条件，整个国家的经济呈高储蓄、高投资和高增长的局面。但随着人口生育率的下降，人口老龄化加重。随着社会主义市场经济的发展和家庭结构及规模的变化，养老的形式也在发生变化，社会养老逐渐成为家庭养老这一主要形式之外的重要形式。由于现代社会代际之间生活需求和方式的差异化，分居养老也愈加普遍。

在家庭关系方面，从传统社会的等级制关系，逐渐向现代社会的平等化、法治化、多样化家庭关系发展。在传统社会，由于生产力水平低下，生产方式落后，家庭关系表现为男尊女卑、子女对父亲权威的绝对服从。随着女性广泛地参与劳动生产，女性的家庭地位和社会地位有所提高，加之法律法规的保护及国家政策的倡导，夫妻之间地位平等、互敬互爱成为主流。平等文明的家庭观念不仅在夫妻关系上得到体现，亲子关系也变得更加平等。值得注意的是，此前的独生子女政策使兄弟姐妹同代之间的横向关系大幅度减少，但旁系兄弟姐妹关系和表兄弟姐妹关系密切起来。现在国家调整了生育政策，二孩、三孩家庭中的兄弟姐妹关系又重新成为重要的社会课题。随着社会的发展和观念的变化，人们需要以更开放的胸怀来处理家庭关系。

在今天，我们必须探讨新时代的家庭意义，为人民的幸福和社会的和谐，为未来模式的家庭构架奠定基础。

二 哲学的解答：如何从哲学的视角理解"家庭"？

要探讨家庭的意义，可先追溯从古至今家庭在社会中的地位和作用。在功能主义观点下，家庭起到了经济生产、人口繁衍、社会化和儿童抚养的功能，在今天家庭是亲属关系（或类亲属关系）中相对较小的户内群体，是一个相互合作而发挥初级社会化、人格稳定化、经济合作等功能的单位。家庭可以发挥物质生产的经济功能，比如家族式企业，比如家庭网在人们的职业选择和工作调动中发挥了较大的作用。家庭可以发挥生活保障功能，比如家庭成员之间的赡养、扶养、互助等。家庭发挥着情感支持的功能，人们在家庭里，在夫妻相爱、长幼互助中满足情感的需要。家庭发挥着教育功能，钱穆说："家庭是中国人的教堂。"在中国人的观念里，家庭不仅仅是一个生活的单位，也是一个文化教养的单元。马克思也说，家庭"把一个放荡不羁的少年变成稳健持重的人，把一个否定一切的天才变成深思熟虑的思想家，把不知天高地厚的后生小仔的不知天高地厚的领头人变成一个能适应社会的人"。

《周易》言："有天地，然后有万物；有万物，然后有男女；有男女，然后有夫妇；有夫妇，然后有父子；有父子，然后有君臣；有君臣，然后有上下；有上下，然后礼义有所错。"中国的儒家规定了五种角色关系，即君臣、父子、夫妇、兄弟和朋友。在这五伦中，家庭成员间的自然关系占据了大半，而且君臣和朋友关系在实质上也是父子和兄弟关系的延伸，这也是我们讲家国天下的原因。其中，父子代表一切纵向关系，兄弟表示横向关系，夫妻意味着两性间的关系。中国传统家庭以父子关系为主轴而非夫妻关系，中国的文化即以这种父子轴的家庭关系为出发点而发展形成，这从根本上是由我国古代农耕化生产力和家族制社会结构决定的。《大学》有言："为人君，止于仁；为人臣，止于敬；为人子，止于孝；为人父，止于慈；与国人交，止于信。"在古代的社会交往中，作为君王要做到仁爱，作为臣子要做到恭敬，作为孩子要做到孝顺，作为父亲要做到慈爱，在和天下人的交往中要做到诚信。这里还应该提出一点，就是夫妻交往中要做到"夫和妻顺""相敬如宾"。在古人看来，治家和治国具有统一性，家庭治理是国家治理的前提。例如，《大学》指出："所谓治国必先齐其家者，其家不可教而能教人者，无之。故君子不出家而成教于国。孝者，所以事君也；弟者，所以事长也；慈者，所以使众也。"要治理好国家，必须先调整好自己的家族，因为不能教育好自己家族的人反而能教育好一国之民，这是从来不会有的事情。所以，君子不出家门而能施教于国民。孝悌是奉献国家的原则，仁慈是关爱人民的原则。一家仁，一国兴仁；一家让，一国兴让。

在古代社会，婚姻并不完全建立在爱情之上，相反，更多地与创建家庭或继承遗产的经济环境、政治关系有关。在 18 世纪晚期，浪漫之爱才被发展出来。不过，它名义上是建立在彼此吸引基础上的平等关系，但实际上倾向于男性对女性的支配。由于社会发展阶段的原因，家庭是性别不平等的高发领域之一，这体现为家庭中劳动分工的不平等及家庭暴力高发等现象。随着社会越来越发达，女性广泛参与到社会生产中，女性地位越来越高，男性社会观念越来越进步，家庭环境越来越走向自由平等。

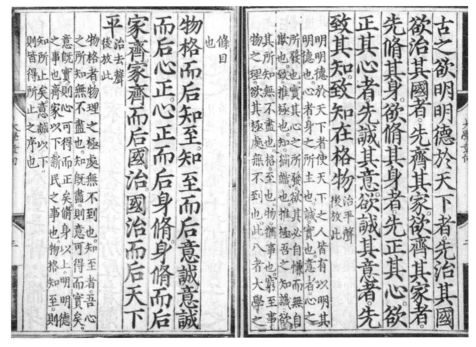

《大学》书影，出自〔宋〕朱熹《四书集注》，明刻本

　　马克思、恩格斯立足于唯物史观视角，追溯人类社会历史发展，探究家庭在人类社会生产实践中的发展与演变，并着重揭示了资本主义家庭关系，指明妇女解放和无产阶级解放、人类解放的关系，进而形成了马克思主义家庭观。马克思、恩格斯在《德意志意识形态》中提出："每日都在重新生产自己生命的人们开始生产另外一些人，即繁殖。这就是夫妻之间的关系，父母和子女之间的关系，也就是家庭。"[1]马克思主义经典作家认为，家庭是社会关系的最初形态，当生产力不断发展时，家庭的结构和模式也在不断变化，逐步形成了家庭内部以性别为主的自然分工和社会内部以家庭为单位的社会分工。恩格斯在《家庭、私有制和国家的起源》中分析了人类家庭演变的四种形式。其中，第一种家庭形式是产生于野蛮时代的群婚制血缘家庭。第二种

1　《马克思恩格斯选集》第 1 卷，人民出版社，2012 年，第 159 页。

家庭形式是普那路亚家庭，随着社会的发展，近亲属之间的婚姻被禁止，以血缘为基础的家庭集团开始向以地缘为基础的氏族集团转化，人类不断走向社会化。第三种家庭形式是对偶制家庭，产生于从蒙昧时代向野蛮时代过渡的时期。这一时期，男子和女子在众多伴侣中已经有了一个较为固定的伴侣，逐渐出现了一夫一妻制家庭的形式，但是这种两性关系本身很脆弱，缺乏牢固性，很容易被解除。第四种家庭形式是专偶制家庭，产生于野蛮时代的中高级阶段。至此，一夫一妻制的家庭形式被确定下来并一直延续至今日。与对偶制不同的是，专偶制的两性关系更加牢固稳定，受法律法规和道德习俗的保护与约束。

恩格斯认为，从群婚制向个体婚制的家庭形式转变的过程，背后是物质生活条件和生产力发展的结果。随着剩余劳动产品的出现和增多，古代共产制家户经济的分配方式越来越不能满足人们的需求，财产的继承问题迫使家庭形式发生了相应的改变。财产为家庭所私有之后，"随着财富的增加，财富便一方面使丈夫在家庭中占据比妻子更重要的地位；另一方面，又产生了利用这个增强了的地位来废除传统的继承制度使之有利于子女的原动力"[1]。专偶制的出现就是为了确保父亲的财产能够为自己亲生的子女所继承，私有财产在父子间的承续是专偶制产生的根本原因，私有制父权制对母权制的取代也意味着女性在家庭和社会中的主体地位的下降，是"女性的具有世界历史意义的失败"[2]。专偶制的产生既体现了人类两性关系的文明与进步，也作为容纳性别压迫的载体而存在。正如恩格斯所说，"任何进步同时也是相对的退步"[3]，人类文明时代的两性关系昭示着"一些人的幸福和发展是通过另一些人的痛苦和受压抑而实现的"[4]。在要求女性绝对忠贞的同时，丈夫却享有单

1　《马克思恩格斯文集》第4卷，人民出版社，2009年，第67页。

2　《马克思恩格斯文集》第4卷，人民出版社，2009年，第68页。

3　《马克思恩格斯文集》第4卷，人民出版社，2009年，第78页。

4　《马克思恩格斯文集》第4卷，人民出版社，2009年，第78页。

方面解除婚姻乃至对婚姻不忠的权利。很显然，专偶制"只是对妇女而不是对男子的专偶制"[1]。

在分析资产阶级现代家庭形式时，恩格斯看到了资产阶级私有制下婚姻制度的堕落与腐朽。恩格斯进一步指出，只有在私有制被消灭的无产阶级内部，才会产生真正的爱情和以爱情为基础的婚姻，此时，以私有制为存在基础的专偶制家庭形式也将发生变化。"无产者的家庭……也不再是严格意义上的专偶制的家庭了。"[2]在探索妇女解放的现实条件上，马克思和恩格斯始终将妇女解放与无产阶级解放、全人类解放联系在一起。马克思高度重视妇女解放的问题，他在1868年12月12日致路德维希·库格曼的信中写到，每个了解一点历史的人也都知道，没有妇女的酵素就不可能有伟大的社会变革。妇女的解放与人类的解放是一致的，人类解放是妇女解放的最高目标，而妇女解放也就成为人类解放的尺度。妇女作为阶级社会的一个阶层，必然要受到社会关系的制约，因此，妇女所受的压迫和剥削，本质上是阶级压迫和阶级剥削，由此决定了妇女解放的前提是消灭私有制。在具体实现路径上，恩格斯在《家庭、私有制和国家的起源》中指出，妇女解放的第一个先决条件就是一切女性重新回到公共的事业中去，而要达到这一点，又要求消除个体家庭作为社会的经济单位的属性。在恩格斯看来，女性参与社会事务的程度直接决定了女性在家庭中的地位。要让女性从家务劳动中解放出来，提高其家庭和社会地位，就必须让女性更多地参与社会事务。在对资产阶级现代家庭形式的分析基础上，马克思、恩格斯将家庭教育作为实现人的全面发展的人和社会的教育实践活动。马克思、恩格斯的家庭教育观是从交往实践中出发的，注重通过家庭引导、劳动实践，实现子女从自然人向社会人的转变。

马克思说家庭中"人与人之间的、特别是两性之间的感情关系，是自从

1　《马克思恩格斯文集》第4卷，人民出版社，2009年，第75页。

2　《马克思恩格斯文集》第4卷，人民出版社，2009年，第85页。

有人类以来就存在的"，"一夫一妻制不是偶然的契约，其根源是人格，是人格的单一性和独立性。一个人的人格是独立的，所以一个家庭是一夫一妻的"。马克思、恩格斯的家庭观念有助于我们从历史唯物主义视角科学认识家庭和妇女地位的变化，探索从家务劳动中建构妇女解放路径的可能性，为形成新时代新型家庭提供重要启示。可以预见，在未来物质生活和精神生活极大丰富，人类获得全面而自由的发展时，整个社会成为"自由人的联合体"，纯粹的爱情将成为组成家庭的先决条件，家庭也将越来越成为精神的港湾。

三 行动的启示：如何立足当代构建良好的家庭氛围？

良好的家庭氛围，对于一个人的成长成才有重要意义。习近平总书记在汲取了中华优秀传统文化、红色革命文化和社会主义先进文化的基础上，结合社会主义核心价值观提出了新时代的家庭观，为新时代家庭发展、社会治理指明了方向。"家长特别是父母对子女的影响很大，往往可以影响一个人的一生。""作为父母和家长，应该把美好的道德观念从小就传递给孩子，引导他们有做人的气节和骨气，帮助他们形成美好心灵，促使他们健康成长，长大后成为对国家和人民有用的人。"近代著名思想家梁启超先生"一门三院士，九子皆才俊"，堪称现代家庭教育的传奇。长子梁思成，著名建筑学家、中国科学院院士；次子梁思永，著名考古学家、民国时期中央研究院院士，新中国成立后任中国科学院考古研究所副所长；三子梁思忠，西点军校毕业，参与淞沪抗战；次女梁思庄，著名图书馆学家；四子梁思达，著名经济学家；三女梁思懿，曾任中国红十字会对外联络部主任；四女梁思宁，早年就读南开大学，后参加革命；五子梁思礼，火箭控制系统专家、中国科学院院士。九人均人中龙凤，其背后正是良好的家庭教育和氛围熏陶支撑的。在子女的成长和教育中，梁启超给予了倾心的灌注和细心的滋养，并且注重以自己的精神人格为子女树立榜样和典范。他在给子女的信中说："我自己常常感觉要拿自己做青年的人格模范，最少也要不愧做你们姊妹兄弟的模范。我又相信我的孩子们，个个都会受我这种遗传和教训，不会因为环境的困苦或舒服而堕落的。"正是这种健全的人格和至高的精神趣味，给予了子女在成长路上最好的精神滋养和力量支撑。梁启超常说一句话："人必真有爱国心，然后方可用大事。"这颗赤诚的爱国心，培养和熏陶了其九个子女积极投入到各行各业中发光发热，为国奉献。正如梁思礼在回忆父亲梁启超时说道："父亲一生爱国，这也影响到了他的子女，我们兄弟姐妹九人可以说都是爱国的。我们中间有七个人在国外学习，然后通通回来参加国家的建设。"父母的言传身教和积极引导，有助于帮助孩子扣好人生的第一粒扣子。

　　良好的家庭氛围，离不开每位家庭成员的配合与支持，为此，我们应该认识到：

梁启超与孩子们

相互的义务。在家庭中，权利和义务是相互的，要学会平等相处。儒家讲究"父慈子孝""兄友弟恭"，都强调的是一种权利和义务的相互性。这是儒家忠恕之道的体现，要学会将心比心，相互宽容，相互尊重，彼此成全。正如朱熹在《家训》中说道："父之所贵者，慈也。子之所贵者，孝也。兄之所贵者，友也。弟之所贵者，恭也。夫之所贵者，和也。妇之所贵者，柔也。"父母以慈爱为本，子女以孝敬为本，这是家庭相处之道。为兄者以爱护为本，为弟者以尊敬为本，这是兄弟相处之道。夫妇之间要和顺、互敬，这是夫妇相处之道。

和谐的环境。家庭是人安身立命的地方，也是人心灵的港湾，只有保持和谐才能为实现美好生活打下基础。常言"家和万事兴"，长幼之间交流要讲究方式方法，如孔子曰："事父母几谏。见志不从，又敬不违，劳而不怨。""父母在，不远游，游必有方。"等等。对于青少年朋友而言，在家庭中应该确立正确的自我意识，正确认识自己的人际关系状况，培养人际沟通能力，既要坚持独立的人格，又要尊重父母的辛勤教诲，与父母建立良性互动的关系。

妇幼的权利。自党的十八大以来，党中央全面加强对妇女工作的领导，推进妇联改革，妇女权益保障法治体系更加健全，妇女发展环境不断优化，妇女事业取得历史性成就。一批批巾帼英雄在推进社会主义现代化事业中奋发有为，谱写了新时代女性的她力量。习近平总书记在同全国妇联新一届领导班子成员集体谈话时强调，要坚定不移走中国特色社会主义妇女发展道路，组织动员广大妇女为中国式现代化建设贡献巾帼力量。用教育阻断代际贫困的张桂梅校长，翻越一座座高山，叩响一户户家门，让失学女孩重新回到了课堂，通过教育把命运牢牢掌握在自己手中。从张桂梅校长创办的丽江华坪女子高级中学走出去的学生里，有的成为救死扶伤的医生，有的成为保家卫国的军人，有的成为教书育人的老师，华坪女高的女孩们书写着生命的灿烂和精彩，开拓着人生的边界。"我生来就是高山而非溪

流,我欲于群峰之巅俯视平庸的沟壑。我生来就是人杰而非草芥,我站在伟人之巅藐视卑微的懦夫。"这段铿锵有力的宣言,是华坪女高的校训,它不仅激励着华坪女高的女孩们放飞梦想,也启发着我们应当心有江海,奔腾不息,心之所向,素履以往。

作为中学生,家庭和学校是我们生活和学习的重要场所,我们不仅要在社会上树立主人翁意识,在家庭中也要树立主人翁意识,自觉主动,积极担责,充分地参与到家庭氛围的构建中;同时,也可以合理地表达自身的诉求与建议,培养自身的判断力和决策力,促进整个家庭的良性运转。

拓展阅读

1. 卢梭:《爱弥儿》,李平沤译,商务印书馆,1978 年。
2. 曾国藩:《曾国藩家书》,檀作文译注,中华书局,2016 年。

思考探究

1. 从宏观上看,家庭在国家治理中有什么作用?
2. 作为中学生,我们可以做什么,来帮助构建和谐的家庭关系?

第 **6** 讲
交友的原则

——如何交到志趣相投、真诚相待的朋友？

你的好朋友是谁？在你们的交往中能不能相互帮助、共同成长？我们平常说的损友和益友有什么标准？作为人的人，是社会的人，过着社会性的生活。人际交往是人类最基本的社会实践活动，交友是最重要的人际交往之一。在人生漫长的过程中，我们要经历不同的阶段，在每个人生阶段里，我们都离不开与人交往，都需要朋友的关心和支持。《荀子》有言："蓬生麻中，不扶而直，白沙在涅，与之俱黑。"选择什么样的朋友，对自己的学习、人生、事业都至关重要。要真诚地选择自己的朋友，相互包容、相互鼓励、相互帮助、相互成就，将个人的小情感与成己达人的大理想结合起来。

一 问题的缘起：朋友对于我们的生活有多么重要？

朋友，是指志同道合的人，情意相投的人。竹马之交、莫逆之交、车笠之交、肺腑之交、贫贱之交、患难之交、道义之交等都是关于珍贵友谊的描

述。狐朋狗友、酒肉朋友等都是关于劣质朋友的成语。唐初大儒孔颖达说："同门曰朋，同志曰友，朋友聚居，讲习道义。"真正的友谊应该是在共同的正确价值观下，不断提升彼此的关系。朋友是一种重要的人际关系，是指人与人之间，在一段过程中，彼此借由思想、感情、行为所表现的吸引、合作等互动之关系。良好的人际关系表现为热情、诚恳、理解、同情、大度、互助、信用和原则性与灵活性的结合。

马克思与恩格斯这两位革命巨人之间的友谊，是世界上最珍贵的友谊之一。马克思对恩格斯的才能十分敬佩，说自己总是踏着恩格斯的脚印走。而恩格斯认为马克思的才能要超过自己，在他们的共同事业中，马克思是第一提琴手，而自己是第二提琴手。他们在一起相互学习，相互帮助，相互督促，共同探索真理，为全人类解放而奋斗。在中国也有一段深厚的友谊，那就是管仲和鲍叔牙。管仲当年说的那句"生我者父母，知我者鲍子也"，如雷贯耳，发人深思而又催人奋进，带给人们恒久的启示。无论别人如何评论管仲，鲍叔牙依然一如既往地给予其包容、谅解与协助。可以说，他们既能同甘，更能共苦，二人之间的关系是对友情的最好诠释。他们的友谊经得起时间的考

马克思与恩格斯，出自1963年《马克思诞生一四五周年》纪念邮票

验，也经得起空间的考验，更经得起名利的考验。"管鲍之交"这则成语本义指管仲和鲍叔牙之间的深厚友情，后来用于形容朋友之间交情深厚、彼此信任的关系。青少年在成长成才的关键时刻，应该选择良师益友，互相鼓励，共同成长。

🔘 哲学的解答：哲学家们如何理解"交朋友"？

按照《中庸》的说法，以孔子为代表的儒家将人伦关系大致分为"君臣也，父子也，夫妇也，昆弟也，朋友之交也"五个方面，可见朋友关系是人伦关系的重要内容。透过儒家经典，我们可以探究先贤的交友观。

一个人所结交的朋友可以反映这个人的本性与品行。《论语》有言："视其所以，观其所由，察其所安。人焉廋哉？人焉廋哉？"要认识一个人，就从观察他的言行举止入手，观察他为什么要做一件事情，怎么做事情，以及他做此事的心态如何。一个人的周围聚集着怎样的朋友，在一定程度上也可以反映一个人的性格和特质。亲人是由血缘关系联结的，我们无法选择自己的亲人，但我们在朋友的选择上有着更加自主自觉的选择权，选择和什么样的人做朋友，可以反映一个人的价值观和处事原则。在与朋友的交往和相处中，我们可以更加充分地认识自己，收获情感交流和精神共鸣的快乐。《论语》有言："益者三乐，损者三乐。乐节礼乐，乐道人之善，乐多贤友，益矣。"益友不仅可以满足一个人的情感需求，也可以给人以正向的影响与引导。在回答子贡如何培养仁德这一问题时，孔子答道："工欲善其事，必先利其器。居是邦也，事其大夫之贤者，友其士之仁者。"工匠要想做好工，必须先把器具打磨锋利。住在这个国家，就要侍奉大夫中的贤人，结交士中的仁人。益友是一个人成长路上的良师，与正直高尚的人相交，有助于提升个人品德修养，陶冶个人价值情操。孔子还说："德不孤，必有邻。"有道德的人是不会孤单的，一定会有志同道合的人来与之为伴。

交友要有道德底线和行为标准，要结交德才出众的人。《论语》言："君子不重，则不威；学则不固。主忠信。无友不如己者。过，则勿惮改。"孔子说，一个君子，如果不庄重，就没有威严，即使读书，所学也不会牢固。行事应当以忠和信这两种道德为主。不要和不忠不信的人交朋友。有了过错，要不怕改正。见贤思齐，要结交正直、诚信、见闻广博的朋友。孔子将对"仁"的追求掺入交友的标准之中，从立身、待人和学识三个方面对选择朋友的标准做了说明。《论语》有言："益者三友，损者三友。友直，友谅，友多闻，益矣。友便辟，友善柔，友便佞，损矣。"有益的朋友有三种，有害的朋友有三种。与正直的人交朋友，与诚信的人交朋友，与知识广博的人交朋友，是有益的。与谄媚逢迎的人交朋友，与表面奉承而背后诽谤人的人交朋友，与善于花言巧语的人交朋友，是有害的。中庸是中国儒士追求的最高境界，所以要结交合乎中庸之道的人。符合中庸之道的人待人接物保持中正平和，因时制宜、因物制宜、因事制宜、因地制宜，以仁爱之心行仁爱之事。《论语》有言："不得中行而与之，必也狂狷乎！狂者进取，狷者有所不为也。"意思是，我找不到奉行中庸之道的人和他交往，只能与狂者、狷者相交往了。狂者敢作敢为，狷者对有些事是不肯干的。最理想的状态是结交合乎中庸之道的人，同时也可以向"守节无为、谨慎小心"的"狷者"和"志大才疏、敢想敢做"的"狂者"学习，从他们身上取人之长，避其所短，精进自我。

在对朋友提出道德标准之后，孔子认为对自身也应当有所要求。在《论语》中，子夏的门人问子张交友之道。子张曰："子夏云何？"对曰："子夏曰：'可者与之，其不可者拒之。'"子张曰："异乎吾所闻：君子尊贤而容众，嘉善而矜不能。我之大贤与，于人何所不容？我之不贤与，人将拒我，如之何其拒人也？"意思是子夏说："可以交往的就和他交往，不可以交往的就拒绝他。"子张说："这和我所听到的不一样！君子尊敬贤人，也能够容纳众人，称赞好人，怜悯无能的人。如果我是个很贤明的人，对别人有什么不能容纳的呢？如果我不贤明，别人将会拒绝我，我怎么能去拒绝别人呢？"也就是说，只有贤能的人才能获得别人的欣赏，那些不贤能的人自然会被人拒绝。《论语》中司马牛感叹："人皆有兄弟，我独亡。"子夏曰："商闻之矣：死生有命，富贵在天。君子敬而无失，与人恭而有礼。四海之内，皆兄弟也。君子何患乎无兄弟也？"子夏认为，死生由命运决定，富贵在于上天的安排。君子认真谨慎地做事，不出差错，对人恭敬而有礼貌，四海之内的人，就都是兄弟，君子何必担忧没有兄弟呢？这里的兄弟可以做"朋友"理解。这一段语录也可看作对我们自身提出的要求。友谊是需要双方共同建立的，我们不能只要求对方符合自己的要求，还要使自己也能让人接受。要做到这一点，恭敬有礼是基本的条件。此外，这段话表明子夏是相当有胸襟的，他扩大了选择朋友的范围，提出了与人交往应有的气度。因此，我们要培养慎选益友的能力，把握逐渐进行的交友过程，并且维持适度的安全距离。同时，也要不断加强自我修养，正人先正己，用自己高尚的道德情操去吸引志同道合的朋友，建立长久而珍贵的友谊。

三 行动的启示：如何交到志趣相投、真诚相待的朋友？

习近平总书记指出："在现实生活中，必要的人际交往是不可避免的，工作生活中都会发生大量人际交往，但交往要有原则、有界线、有规矩，低调为人、谨慎交友。"所以，在人际交往过程中一定要坚持正确的交友之道。

掌握交友原则，树立正确交友观。国学大师曾仕强指出，人是群居的动物，而且需要朋友的协助。交友对每一个人来说，都十分重要。交到好朋友，互助互惠，彼此鼓励，显得团结才有力量。若是交到坏朋友，迟早被连累、被牵连、被拖垮，害处实在很大。《论语》中曾子说："吾日三省吾身：为人谋而不忠乎？与朋友交而不信乎？传不习乎？"一个人每天要反思三件事情，为人出谋献计做到忠心不贰了吗？与朋友交往做到诚信了吗？老师所传授的东西经常温习了吗？与朋友相交关乎自我成长、为人处世，所以先哲们将交朋友作为学习修身

的一件重要大事。总结起来，交朋友应该有原则、有底线、讲感情、讲道义。

　　交友之道，诚信为先。诚信，自古被中国文化所推崇，诚信不光是朋友交往的基础，更是做人的根本。诚信是一个可大可小的事情。小的方面，从个人来讲，"人无诚信不立"，人的各种交往都要以诚信为基础，否则很快就会失去朋友。大的方面，对于国家治理来讲，管理者要对老百姓讲诚信，否则便得不到老百姓的信任、支持和拥护；从国际交往来说，一个国家如果"朝令夕改""出尔反尔"，别的国家是无法对它产生信任的，更不可能放心交往和深入合作。在人际交往中，诚信的品质尤为重要。《论语》提出"朋友信之"，《大学》提出"与国人交，止于信"。诚信是中国文化中优秀的品质，也是交友的重要原则。《论语》一书中，"信"的出现近 40 次之多，说明信的重要性，它是儒家五常之一。《说文解字》指出："信，诚也。"仁者爱人，做到了爱自己的家人，还要像爱自己的家人那样爱朋友、爱天下人。《论语》言："巧言、令色、足恭，左丘明耻之，丘亦耻之。匿怨而友其人，左丘明耻之，丘亦耻之。"意思是，花言巧语，装出好看的脸色，摆出逢迎的姿势，低三下四地过分恭敬，左丘明认为这种人可耻，我也认为可耻。把怨恨装在心里，表面上却装出友好的样子，左丘明认为这种人可耻，我也认为可耻。南宋的刘荀在《明本释》中谈道："信者，交友之本。"这深刻地指出了诚信是交友的根本。 1968 年，心理学家安德森曾经对不同个性品质受人们喜爱的水平进行了研究，结果发现，受喜爱程度最高的六种个性品质依次是真诚、诚实、理解、忠诚、真实和可信，受喜爱程度最低或被拒绝程度最高的包括说谎、虚伪、不诚实、不真实等。所以，诚信是交友之道的重要内容。刘基在《许金不酬》中便讲述了一个令人警醒的守信故事。传说在济水的南面，有一个商人，渡河时却把自己的船弄丢了，便抓住水中的草团，在那里哀号求救。有一个渔夫划船去救他，还未靠近，商人就急忙号叫："我是济水一带有名的富翁，你如果救了我，我给你一百两金子。"渔夫用船载着他把他救上岸，但商人只给了十二金子。渔夫说："当初你答应给我一百两金子，如今却只给了十两金子，这岂不是不讲信用吗？"商人听了勃然大怒："你是个打鱼的，一天的收入能有多少？今天一下子就得到十两金子，你还不满足吗？"渔夫失望地离去了。后来，商人乘船顺吕梁河而下，船碰到了礁石，淹没在水中，那个渔夫正好又在那里。有人问渔夫："你怎么不去救他呢？"渔夫说："这就是那个答应给一百两金子却只给十两金子的言而无信的商人。"渔夫把船靠了岸，远远地望着那水中的商人，商人随后就沉没了。孔夫子将恪守信用看成一个人最基本的品德，因此他说"人而无信，不知其可"，并强调"言必行，行必果"。"君子"与"小人"的分水岭就此形成了。落水的商人原本许诺只要救起他将酬谢一百两金子，一言既出当驷马难追，但上岸之后违背诺言并怒斥渔翁不知足，真乃一介奸商。在信义与金钱、生命与金钱之间，商人无疑更看重后者，颠倒了本末也就颠覆了命运之舟。倘若商人落水后只呼"救命"而不许诺酬金多少，渔翁未必会见死不救。但他言而无信，既糟蹋了自己的人格，也有损渔翁的自尊。《礼记》中"口惠而实不至，怨灾及其身"讲的便是这个道理。

　　交友之道，相互帮助。人际关系的基础是人与人之间的相互重视和相互支持。《礼记》"独学而无友，则孤陋而寡闻"，要求在交往中互相学习进步。孔子说："君子成人之美，不成人之恶。小人反是。""见贤思齐焉，见不贤而内自省也。"意思是要在交往过程中学习朋友的长处，避免自己的短处，互相成就彼此的梦想。子路在谈及自己的理想时说："愿车马，衣轻裘，与朋友共，敝之而无憾。"孔子表示认同，他也对朋友表现出相当的义气，他说："朋友死，无所归，曰'于我殡'！"

　　范仲淹丰富的学识奠定了他为人为政宽广的视野，幼时艰苦的生活砥砺了他高尚的情操。他从不从个人私利出发去交友，一生三荐好友王洙，谱写了一篇为国举贤的佳话。范仲淹在应恩师晏殊之邀主持应天府书院工作期间，曾与同事王洙促膝相谈、切磋学问，互相引为知己。不久，朝廷调王洙任贺州富川县主簿。王洙"素负文藻，深明经义"，已在书院执教多年，深受学子敬重。范仲淹知悉后，认为如此安排不利于最大化发挥王洙的才能，于是在请示晏殊后，向朝廷上疏，提出："三代圣王致治天下，必先崇学校，立师资，聚群材，陈正道。"恳请朝廷让王洙留在书院继续发挥他讲学的优势。这份奏章，言简意赅、诚恳情切，很快获准。王洙在应天府书院教学八年，欧阳修对其教学有这样一段描述："语言初如不出诸口，已而辨别条理，发其精微，听者忘倦。决疑请益，人人必得其所欲。"1033 年，范仲淹被召回朝廷任右司谏，职责是监察官吏、选拔人才、谏言建言。以为国荐贤为己任的范仲淹，第二次举荐王洙。在他举荐下，王洙任国子监直讲，校阅《史记》《汉书》，颇有业绩。不久，王洙被提拔为太常博士、尚书工部员外郎，修《崇文总目》《国朝会要》，其修书讲学的才能得以进一步发挥。1044 年，王洙因受牵连而被贬职。在赴任襄州途中，王洙经过邓州，与范仲淹相聚，二人饮酒和诗、互相鼓励。范仲淹以"与君誓许国……不忘平生期，明月满怀抱"与王洙共勉，表达出二人以国为重、不以进退升沉为意的高尚情怀和亲密友谊。

〔清〕张照楷书《岳阳楼记》，镌刻于岳阳楼中雕屏

交友之道，进退有度。孟子说："不挟长，不挟贵，不挟兄弟而友。友也者，友其德也，不可以有挟也。"不倚仗年龄大，不倚仗地位高，不倚仗兄弟的势力去交朋友。交朋友，交的是品德，不能够有什么倚仗。《周易》要

求"上交不谄，下交不渎"，结交上级不谄媚阿谀，结交下级不随意轻慢。交朋友要坚持独立的人格，坚持正直的底线，坚持平等的原则，不谄媚、不傲慢、不同流合污。因而《战国策》警醒："以财交者，财尽而交绝；以色交者，华落而爱渝。"利用钱财结交朋友，钱财用完了交情就会断绝；贪图美色结为伴侣，到年老色衰时爱情就会改变。

要注意自我保护，自我价值保护是一种自我支持倾向的心理活动，其目的是防止自我价值受到贬低和否定。亚里士多德说，在一般的朋友之间，不论是平等关系的友爱，还是从属关系或不平等关系的友爱，在交往中应该力求达到平等，即在一种礼尚往来的给予和回报中，要尽可能地做到平等交换，要么达到一种数量上的平等，要么是各取所需，达到一种价值上的平等，这是建立或维护朋友关系的基础或原则。显然，人们很容易衡量一种数量上的平等，但在价值上的平等方面，双方可能都会对自己应得的东西估值过高，所以，这里没有一个客观的标准。那么，要维持友谊，人们该如何做呢？亚里士多德说："在种类不同的全部友爱中，比例都使它们相等，并得以保持。……付出东西的价值，应该交给受益者来衡量。……在付出服务的回报没有商定的情况下，……则应以对方自身为目的，那就不会招致抱怨。……如若是为了回报，那回报最好在双方看来是各取所值，如若做不到这一点，就必须先由接收者来确定，并且要决定得公正。"这里，亚里士多德说得很清楚，在朋友之间的给予或回报中，给予者给予的价值，应该由接受给予的人来衡量。很多人帮助自己的朋友，虽然热心，但全然不顾朋友到底需要什么，只认为自己给予了，就是帮助了朋友，事实上，朋友可能并不需要这些所谓的"帮助"；不仅如此，这样做的人，也期待得到朋友的回报，如果朋友没有回报，或者没有给予自己期望的回报，便心生抱怨。对此，亚里士多德曾说："为贪图对方的报答而做好事，并不是对他人的善意。"人们不应该从一个有此意图的人那里接受好处，因为这样的人根本就不是朋友，他或她不是为了给予而给予。如果有能力满足朋友所需，那当然是最好的，那样的

帮助才是物有所值，尽管提供帮助并不是为了得到相应的回报。

反之，对于给予者的回报，其价值不应该由回报者来衡量，而应该由被回报者，也即曾经的给予者来衡量。当然，对于回报的价值的大小，如果是真正的朋友，无论多少都不会心生抱怨，因为他曾经提供的帮助，原本就没有期望回报。

作为中学生的我们，面对着同样的困惑与迷茫，经历着相似的考验与旅程，如果能够相交益友，分享彼此的喜悦，诉说各自的烦恼，成为彼此成长之路上的一股力量支撑，这对于整个人生来说都是一笔宝贵的精神财富。在交友的过程中，我们要充分挑选和自己志同道合、志趣相投的伙伴，真诚地敞开自己，从容地接纳对方，既要坚持原则，自我尊重，也要和善待人，平等处之，以真实的自我魅力去灌注热切的友谊之花。

拓 展 阅 读

1. 梅林:《马克思传》，胡晓琛、高杉译，中央编译出版社，2022 年。

2. 克莉丝汀·汉娜:《萤火虫小巷》，康学慧译，百花洲文艺出版社，2015 年。

思 考 探 究

1. 结合本讲中提到的故事，谈谈良师益友在人的生命中有什么意义。

2. 结合本讲最后一部分内容，谈谈如何与朋友共同为远大理想而奋斗。

第 **7** 讲

自强的精神

——如何克服"佛系""躺平"的心态？

在我们身边，什么样的人会受到老师和同学们尊重？那一定是自立自强，取得优异成绩、做出一番事业的人。人生在世几十年，是碌碌无为、泯然众人矣，还是积极奋发、绝世而独立，同学们心中一定有答案。自强不息是中华民族的传统美德，也是中华民族生生不息、发展壮大的文化密码和精神气节。正如习近平总书记指出："在漫长的历史进程中，中华民族以自强不息的决心和意志，筚路蓝缕，跋山涉水，走过了不同于世界其他文明体的发展历程。"自强的精神对于中华民族和百年党史具有重要意义。对于中学生来说，克服"佛系""躺平"的心态，对于我们成长成才也具有十分重要的意义。

一 问题的缘起："自强"对个人和民族有多重要？

人之为人，何以立足？一国之大，何以屹立于世界？当一个人开始觉察生命和自我，当一个民族渴望走向世界舞台中央时，这两个问题便成了思考的主题。千百年来，一代代人走过了无数个春秋冬夏、昼夜轮替，一个民族历经了历史洪流的冲刷和洗礼，穿越历史长空和岁月回响，唯有自强的精神与气节，历久弥新，熠熠生辉。

一个人的自强，是面对生命中猝然临之的考验和无故加之的诘难，不怨天尤人，不逆来顺受，在任何境遇中都能守住自我，以坚定的信念一往直前。少年家贫的范仲淹，每天晚上用糙米煮好一盆稀饭，等第二天早上凝成冻之后，用刀划成四块，早晚各吃两块，就是这般"断齑画粥"的生活，支撑起了他在寺院求学的三年时光，也正是从这里走出去的少年，发出了"先天下之忧而忧，后天下之乐而乐"的铮铮誓言；幼时嗜学的宋濂，从师路上，"穷冬烈风，大雪深数尺，足肤皲裂而不知"，即便缊袍敝衣处于珠缨宝饰之间，也"略无慕艳意"，正是这份无视环境的艰难困苦，一心求知的坚守与专注，使他终成明初诗文三大家之一。再恶劣的环境，也总有人凭借一股自强不息的精气神儿，一点一点地凿开了命运的壁垒，些许天光倾泻而下，窥见了生命的极致与真实。

一个民族的自强，是面对各种内部和外部的危机考验，总能在一次次忧患中争取一切生机、团结一切力量发展壮大，顽强进取，蓬勃向上。从世界上现有的国家文化传承来看，世界上四大文明古国古埃及、古巴比伦、古印度和古中国，只有中国文明没有中断而延续至今。五千年过去，我们留下的是竹简和甲骨文的幽光，是诸子百家的卷册，是秦砖汉瓦的豪迈，是唐诗宋词的墨香，是元曲羌笛的音韵，是明清小说的传奇，是我们这个民族写下的对历史的注脚，是洪流中奋起抗争唱响生命的嘹歌，生生不息，涓流入海，最终汇成浩浩荡荡的民族史歌，有"路漫漫其修远兮，吾将上下而求索"的自勉，有"王侯将相宁有种乎"的觉醒，有"安得广厦千万间，大庇天下寒士俱欢颜"的大义，有"千磨万击还坚劲，任尔东西南北风"的无畏，有"为有牺牲多壮志，敢教日月换新天"的斗志……时至今日，中华民族刚健有为、海纳百川的气质与个性，凝练了我们共同的价值观，是流淌在我们民族血脉中生生不息的民族血液，彰显着战天斗地、无所畏惧的民族气节和昂扬奋进、自强不息的民族精神。

二 哲学的解答："自强不息"的哲学内涵是什么？

"自强不息"语出《周易·乾卦·大象传》——"天行健，君子以自强不息"。

《易传》将天道运行、化生万物的过程概括为"健"，"天行健"意思是天道运行，刚健恒久，四时交替，昼夜不息。君子应当师法天道，自觉奋发向上，主动积极进取，致力于人格的完善和自我的实现，永不松懈，无休无止，即"自强不息"。可见，"自强不息"是以天道来比喻人道，推明人事，为人的道德修养和精神品质树立了标准，也为中华民族的自强精神注入了文化基因。

"天行健，君子以自强不息"为乾卦第一，是周易六十四卦之首，象征一往无前的奋斗精神

《大学》阐明了君子自强的起点和终极境界。《大学》指出："古之欲明明德于天下者，先治其国；欲治其国者，先齐其家；欲齐其家者，先修其身。"要想达到"明明德于天下"这一终极目标，需要从"修身"开始做起，"修身"是人自强的起点。从"修身""齐家"到"治国""平天下"，是人自强的必经路径。在提升个人价值、锤炼个人品德修为的过程中，我们既要注意严格要求自己，也要积极向他人请教学习，真正做到如《礼记·中庸》中要求的"发强刚毅"。

《论语》《孟子》扩充了自强精神的丰富内涵。《论语·宪问篇》中的"修己以安人"，《论语·卫灵公篇》中的"君子求诸己，小人求诸人"，《论语·宪问篇》中的"不怨天，不尤人"，强调了君子自律自强、自我担当的人格素养。

《论语·述而篇》中的"德之不修，学之不讲，闻义不能徙，不善不能改，是吾忧也"，《论语·泰伯篇》中的"士不可以不弘毅，任重而道远"，论述了人的自强精神与国家发展之间的关联性，并强调自强精神应当贯穿个人的整个生命发展之中。《论语·子罕篇》中的"三军可夺帅也，匹夫不可夺志也"，《论语·卫灵公篇》中的"无求生以害仁，有杀身以成仁"，阐明了自强精神的内在规定性，即在大是大非、义利善恶面前的坚守与执着。《孟子·告子上》中的"士穷不失义，达不离道……得志，泽加于民；不得志，修身见于世。穷则独善其身，达则兼善天下"，以及《孟子·告子下》中的"苦其心志，劳其筋骨，饿其体肤，空乏其身"，为人如何凝心聚力以达到自强指明了方向，同时指明了自强的高级状态即"泽加于民""兼善天下"。

《尚书》通过描述遭遇政治变动的暴君、讴歌励精图治的明主，正反论证了君子恪守自强精神的重要性和必要性。《尚书·太甲中》中太甲对自身暴政进行了反省："予小子不明于德，自厎（dǐ）不类。欲败度，纵败礼，以速戾于厥躬。天作孽，犹可违；自作孽，不可逭（huàn）。"不明于德行，就会自己招致不善。多欲就败坏法度，放纵就败坏礼制，因此会给自身招来罪过。上天造成的灾祸，还可回避；自己造成的灾祸，不可逃脱。这段话揭示了当权者即便身处高位，也应当自力更生、自我鞭策、自我约束，不可玩人丧德、玩物丧志。同时，正面歌颂了大禹、周武王的为政之德，如《尚书·大禹谟》中的"克勤于邦，克俭于家，不自满假"，为君子自强指明了具体的途径。

随着历史的变迁，自强不息逐渐拓展与跃升为民族、社会、国家的独特品格与文化基因，影响着整个民族政治文化和精神活动的走向，成为中华优秀传统文化的主体内容，成为中华民族生生不息、永不竭尽的强大动力，成为中华民族精神的灵魂。自强精神也激励着一代代仁人志士为了理想奔走呼号，不懈奋斗，直到生命的终结。《尚书·皋陶谟》中，皋陶为舜帝提出选取贤人的标准，强调"强而义"，要求所选官员应当强直自立、无所屈挠。先秦时期，孔子践行"自强不息"的精神，一生谋道、坚韧不拔、迎难而上，"知其不可为而为之"。汉代司马迁身陷囹圄时一度想自杀，但想到文王拘于囚室而推演《周易》，仲尼困厄之时著作《春秋》，屈原放逐才赋有《离骚》，左丘失明乃有《国语》，孙膑遭膑脚之刑后修兵法，司马迁便"就极刑而无愠色"，发愤著书，终于成就《史记》。北宋时期，王安石谋求政治上革故鼎新，强调"君子之道始于自强不息"，针对北宋中后期冗官、冗兵、冗费的问题，坚持除弊革新，促成了重大的变法运动；清末，康有为等人面对内外交弊，明确指出"自强"的重要性，认为上天不佑弱者，只有自强才能改变中国的衰弱局面。

习近平总书记指出："'天行健，君子以自强不息。'一个民族之所以伟大，根本就在于在任何困难和风险面前都从来不放弃、不退缩、不止步，百折不挠为自己的前途命运而奋斗。从5000多年文明发展的苦难辉煌中走来的中国人民和中华民族，必将在新时代的伟大征程上一路向前，任何人任何势力都不能阻挡中国人民实现更加美好生活的前进步伐！"自强精神不仅存在于数千年的中华民族史中，也在百年党史奋斗进程中激励着无数中华儿女让个人前途和国家命运同频共振，将家庭情感和爱国情操融为一体，义无反顾、奋勇顽强地投身中华民族伟大复兴的宏图伟业。从伟大的无产阶级革命导师马克思以其一生的探索生动实践了自强不息的精神，不断与政治迫害斗争、与生活困苦斗争、与离别失去斗争，到革命领袖毛泽东在艰难困苦中发出"自己动手、自力更生、艰苦奋斗、克服困难"的强大号召，再到井冈山精神、长征精神、延安精神、西柏坡精神等精神的提炼与形成，共产党人始终在践行着艰苦奋斗、自强不息的精神品质和人生格言。

三 行动的启示：中学生应该如何树立自强精神？

自强，要有刚健饱满、乐观进取的精神。自强，要有坚韧不拔、百折不挠的毅力。1984年，四岁的刘秀祥，父亲离世，母亲被确诊为间歇性精神失调。刘秀祥十岁时，外出打工的哥哥姐姐再也没有回来，家中只剩下他和母亲相依为命。年幼的他便跟着村里的大人上山采药、卖药，下课捡废品，以换取微薄的收入。为了更好地照顾母亲，上中学起，他便带着母亲一起求学。尽管异常艰辛，但他从未放弃生活的希望，始终坚信知识可以改变命运。为了凑够学费和生活费，刘秀祥跟随老乡一起去电站打工，结果因为太过疲惫从高架上摔下来，差点丧命。住在别人废弃的猪圈，上课专心于题海，下课奔波于生活，就这样，刘秀祥迎来了高考。在高考前夕，刘秀祥得了重感冒，因为没钱看病吃药，严重影响了临场发挥，最后以 6 分之差落榜。他愤懑过、质问过、痛苦过，他觉得命运如此不公，不论他如何挣扎，都逃不过命运的戏弄，但当他看到自己在日记里的一段话——"当你抱怨你没有鞋穿时，你回头一看，发现别人竟然没有脚"，他重新振作起来，四处求学复读，并最终实现了大学梦。进入大学以后，刘秀祥的名字也开始以"贵州孝子"的形象出现在各大报纸上。面对铺天盖地的报道，他认为"一个人活着，不应该活得让人同情，让人可怜，应该是活得让人可亲、可佩、可敬"。他放弃了别人的资助，继续依靠自己的双手撑起与母亲的生活，并在大学期间资助了三个一起捡过废品的孩子，因为他自己知道一路走来有多艰辛，所以想要给别人送去温暖和希望。大学毕业后，他拒绝了多家企业的邀约，回到了家乡，成为一名人民教师。通过一遍又一遍的上门家访，一次又一次苦口婆心的劝说，他逐步改变了一些家长的错误观念，让更多的学子回到了本应属于他们的课堂。2020 年 9 月 10 日，刘秀祥荣获中宣部、教育部授予的"全国最美教师"称号。他深情地说道："八年过去了，望谟县高考本科录取，从 2012 年只有 70 人，到 2020 年高考本科上线 1274 人，很多孩子成为他们村走出的第一个大学生。这就是奋斗的力量。"面对命运的捉弄，面对数次的打击，他凭借自强不息、坚韧不拔的毅力，走出了一条属于自己的人生大道。

"命运恰如潜流，动无常则，进止难期。"时代背景各不相同，对时代命题的回答也不可复制。我们当下正处的时代，是中华民族向伟大复兴梦砥砺奋进的时代，是可以大有作为实现理想的时代。同时，我们也看到，"内卷""佛系""躺平"等现象左右着一部分年轻人的心态，"孔乙己的长衫"再次引爆舆论热点，希望与失意交织，清醒与迷茫相伴，有的时候不免困顿与无助，在"我们该如何过好这一生""该如何走好当下的路"的苦苦思索中徘徊。面对这些问题，前人给了我们一个并非标准答案但是发人深省的参照。不论是贫乏困苦、看不到希望的知青岁月，还是命运捉弄、处处坎坷的求学时光，当时代的洪流和命运加诸到个体的身上时，作为平凡人的我们很难去改变自己身处的环境，但是可以选择以何种心态、何种方式去看待、去度过我们的生活。"悲观者永远正确，乐观者永远前行。"悲观失望似乎是安全的，但唯有乐观进取，坚持不懈，才能改变现实、创造未来。正如南京大学新闻传播学院徐慨教授在 2023 届南京大学新闻传播学院毕业典礼上的致辞中所言："当我们被时代的洪流所裹挟的时候，我们应该如何自处？当周遭变得复杂的时候，我们如何可以让自己变得更简单、更纯粹？当失望、悲观的情绪弥漫的时候，我们如何能认清自己的方向并每天做出一点点哪怕是微小的改变？"

尤其是我们身处于这个剧烈变革的时代，世界格局和秩序不断被冲击和打破，似乎每天都在见证历史，见证荒诞与伟大。正如马克思、恩格斯在《共产党宣言》中写道："一切坚固的东西都烟消云散了，一切神圣的东西都被亵渎了。"在百年未有之大变局下，国际局势错综复杂，经济全球化和逆全球化交织，不同地域不同种族之间的文化冲突日益加剧；与此同时，我国核心技术在某些方面仍然存在"卡脖子"的问题，面临着复杂严峻的结构性风险、颠覆性风险、局部性风险和系统性风险，客观性与挑战性并举，突发性与长期性并存。正如习近平总书记 2022 年 4 月 25 日在中国人民大学考察时指出：

《共产党宣言》书影

"道虽迩，不行不至；事虽小，不为不成。"任何伟大的事业，都始于梦想而成于实干。天上从来不会掉馅饼，复兴之路仍然存在可以预料和难以预料的各种风险挑战，甚至是惊涛骇浪。实现中华民族伟大复兴，尤为需要青年一代坚定信念、真诚奉献、埋头苦干。希望同学们时刻准备着，以咬定青山不放松的执着，在实现中华民族伟大复兴的时代洪流中踔厉奋发、勇毅前进。

这就要求我们在激流险滩、风险挑战中奋勇争先、自立自强，树立远大理想，锤炼修为品德，练就过硬本领，勇担时代使命。要敢于斗争，善于斗争，既要有斗争的勇气和决心，也要掌握斗争的方式和方法，在历史和时代的洪流面前，站在人民和真理的一边，为中华民族的伟大复兴添砖加瓦。

中学时期，正是培养自身品格、锤炼自身毅力的关键时期，要有"欲与天公试比高"的魄力，拿出"初生牛犊不怕虎"的精神，敢想敢为，善作善为，积极尝试，不断开拓人生的边界和疆域，在奋斗与拼搏中尽情地书写自己的人生年华。征途漫漫，奋斗不止；人生须臾，自强不息。

拓 展 阅 读

1. 黄寿祺、张善文：《周易译注》，上海古籍出版社，2016 年。

2. 中共中央党史和文献研究院：《中国共产党的一百年》，中共党史出版社，2022 年。

思 考 探 究

1. 一个人在生活富足的情况下，"自强"对于他有何意义？

2. 结合例子谈谈，个人的自强与国家的富强之间有什么关系？

第 **8** 讲
通达的态度

——如何走出"内卷""纠结"的困境？

　　从小到大，我们经历了很多次考试，即使非常努力，也并不是每一次都能取得好成绩。一个人生活在这个世界上，总会称心如意吗？南宋词人辛弃疾《贺新郎》说："叹人生，不如意事，十常八九。"中国有这样一副对联："人生哪能多如意，万事只求半称心。"所谓尽人事听天命，人间不如意事十之八九，在积极努力的前提下，应以一颗坦然的心看待世事无常，不贪多求全，不固执己见。在中国的历史长河中，无数先贤在坚守理想情怀的同时能够淡泊坦然，以通达的态度面对纷繁复杂的人生。

一 问题的缘起：值得称道的"人生态度"是怎样的？

　　人生态度，主要包括人们对社会生活所持的总体意向，对人生所具有的持续性信念以及对各种人生境遇所做出的反应方式等，是人们在社会生活实践中所形成的对人生问题的稳定的心理倾向。有什么样的世界观就有什么样

〔元〕赵孟頫绘苏轼像

的人生观，人生态度作为人生观的主要内容，是人生观最直接的表现和反映，它要回答"人究竟应该怎样活着"的问题。人生态度就是对待人生的心态和态度，不同的态度产生不同的人生和价值观。是游戏人生？是有所作为？是听天由命？是善待每个人？还是得过且过？这是我们在人生中必须考虑的问题。

永和九年（353 年）的春天，王羲之与朋友们相聚在会稽山阴之兰亭，他们仰观宇宙之大，俯察品类之盛，游目骋怀，怡然自得。忽然想到，虽然有的人勤勉谨慎，有的人放浪形骸，但是终免不了老之将至的同样结局。于是像古人一样感慨，"死生亦大矣"，他相信后人也会有这样的感慨。无独有偶，岁月变迁，人殊事异，宋神宗元丰五年（1082 年）的赤壁，月朗星稀，人们也在感慨"寄蜉蝣于天地，渺沧海之一粟"，时光易逝、英雄不再。这时，苏东坡说：

客亦知夫水与月乎？逝者如斯，而未尝往也；盈虚者如彼，而卒莫消长也。盖将自其变者而观之，则天地曾不能以一瞬；自其不变者而观之，则物与我皆无尽也，而又何羡乎！且夫天地之间，物各有主，苟非吾之所有，虽一毫而莫取。惟江上之清风，与山间之明月，耳得之而为声，目遇之而成色，取之无禁，用之不竭。是造物者之无尽藏也，而吾与子之所共适。

苏东坡以超拔的境界，穿越了时空，看淡了世事，以通达的态度面对世事的纷繁，实现了心灵的解放，为我们提供了指引。在后世，被誉为"中国

〔明〕仇英《赤壁图卷》（局部），辽宁省博物馆藏

最后一个纯粹的文人""中国最后一个士大夫"的汪曾祺，写下了"人生如梦，我投入的却是真情。世界先爱了我，我不能不爱它"的动人词句。和苏东坡一样，汪曾祺不仅会写，也爱吃，爱一切美好的存在，喜爱高邮的咸鸭蛋，也爱悬之井中的西瓜、广西的芋头扣肉，于食物中窥人生，于甜淡中品生活。他总说："一个人的口味要宽一点、杂一点，'南甜北咸东辣西酸'，都去尝尝。对食物如此，对文化也应该这样。"在恬淡朴实的生活里，他实现了精神的内守与自足。

二 哲学的解答：哲学家们如何通达地看待人生？

世事有必然有偶然，人生不可预测，纵有雄心壮志、盖世才华，也难免命途多舛、时运不济。所以，古人感叹："天有不测风云，人有旦夕祸福。"孔子、孟子、庄子等大哲学家都曾感慨、探讨过时命，并因此而形成了自己的人生观。

庄子在《达生》中论述道："达生之情者，不务生之所无以为；达命之情者，不务知之所无奈何。"意思是，通晓生命实情的人，不会去努力追求对于生命没有什么好处的东西；通晓命运实情的人，不会去努力追求命运无可奈何的事情，这是通达生命的关键。以道心看待这个世界，就会有一种通透和豁达，以道心去容纳这片天地，更有一种觉悟与从容。庄子说："其名为撄宁。撄宁也者，撄而后成者也。"所谓"撄宁"，就是不受外界事物的纷扰，保持心境的一个宁静。如何才能够保持内心的宁静呢？《庄子》中有言："知道者必达于理，达于理者必明于权，明于权者不以物害己。"懂得道的人必定通达事理，通达事理的人必定明于应变，明于应变的人不会让外物伤害他。真正懂得道的人，他们能够明察安危，安于困境，懂得进退和取舍。所以，合于道，就没有任何事物能伤害自己，这是极高的一个修养。这也是顺其自然的一种德行，能够处于自然的环境，进退有度，能屈能伸，随机应变，这是一种达到的道理。凡事都需要合于道，合于时宜，才会变得正确，这才是人生应该秉持的正确的一种状态。如果凡事不合时宜，去逆道而行，违背了本身的规律，只是以自我情绪为主导，那么一切都会变得不正确。庄子通过"尧和舜通过禅让而做了皇帝，子之和燕王却因为禅让而灭亡"的故事证明了不合时宜结果必然不正确的论证。

孔子和后世儒者都承认时命的存在，承认人们会遇到时命不济的情况。孔子晚年读《周易》，心得只有四个字：时也，命也。用最通俗易懂的说法就是时机决定命运，时机到了，就要去做该做的事情，最后能够收获什么样的结果，就要看老天是如何安排的了。而"时"就是孔子提出来的，孟子也曾因此赞美孔子，"圣之时者也"。无论我们做什么都要学会掌握时机，时机若是不对，那就不要倒行逆施，否则反而容易遭遇不好的结果。《周易》也说道："君子藏器于身，待时而动。"大概意思是说，君子有着超凡的才能，但是却不到处炫耀，只有在合适的时机才展露出来。孔子周游列国，得不到礼遇就是时命的体现，但孔子认为这是暂时的、偶然的，他坚信天道是永恒的、必然的。天地生生不息，具有永恒的意志和不变的规律，既能生育万物，又赋予人自强不息的精神和厚德载物的品质。所以，孔子认为虽然不得不承认时命的存在性，但也要看到天命的必然性，要"知其不可而为之"。孟子曰："尽其心者，知其性也。知其性，则知天矣。存其心，养其性，所以事天也。

夭寿不贰，修身以俟之，所以立命也。"孟子说，尽自己的善心，就是觉悟到了自己的本性。觉悟到了自己的本性，就是懂得了天命。保存自己的善心，养护自己的本性，以此来对待天命。不论寿命是长是短都不改变态度，只是修身养性等待天命，这就是确立正常命运的方法。尽人事，听天命，修身以俟命，成为儒家应对世事无常的通达态度。张载《西铭》说："富贵福泽，将厚吾之生也；贫贱忧戚，庸玉汝于成也。存，吾顺事；没，吾宁也。"富贵福禄的恩泽，是乾坤父母所赐，用以丰厚我的生活；贫贱忧戚，是用来帮助你成就一番事业的。活着的时候，我顺从（乾坤父母所要求的）事理；死的时候，心安理得，我安宁而逝。

看到了时命的存在，也要注意时命随时变化的特点。《吕氏春秋·博志》有言："全则必缺，极则必反。"事物发展到极点，会向相反方向转化。"否极泰来"中的"否"和"泰"出自《周易》中的两个卦名，"否卦"的卦象为坤（地）下乾（天）上，为天在地上之表象。天在极高之处，地在极低之处，天地阴阳之间因而不能互相交合，所以时世闭塞不通。"泰卦"的卦象为乾（天）下坤（地）上，地气上升，乾气下降，为地气居于乾气之上之表象，阴阳二气一升一降，互相交合，顺畅通达。在卦序中，泰卦后面是否卦，"物不可以终通，故受之以否"是说：事物不可能一直保持顺畅通达，所以泰后面就是否卦。否卦后面是同人卦，"物不可以终否，故受之以同人"是说：事物不可能一直闭塞不通，闭塞不通以后人们会齐心协力去努力。老子在《道德经》中也谈道："反者道之动，弱者道之用。天下万物生于有，有生于无。"循环往复的运动变化，是道的运动，道的作用是微妙、柔弱的。天下的万物产生于看得见的有形质，有形质又产生于不可见的无形质。强和弱、动和静并非固定不变的，一切都在变化中，时命也是这般，顺时和逆时的处境是在不断发生变化的。

意识到了时命变化的特点，面对时命的态度也决定了是否能够时来运转、否极泰来。《周易》中困卦说："亨，贞，大人吉，无咎，有言不信。"如果一个人面对厄运时能够问心无愧、泰然处之，自然就亨达吉祥了，而一个人面对困境的态度也能体现他的德行修养，如果怨天尤人、自暴自弃，那就不是"大人"，也不可能"吉"了。孔子也说："困，德之辨也。"一个人处于困境之中，马上就能分辨出他的品德修养怎么样。正如《论语》中谈道："君子固穷，小人穷斯滥矣。"君子在穷困时固守原则，而小人则容易胡作非为。唯有在穷困中固守自己，不自暴自弃，不怨天尤人，静静等待时机的到来；在顺境中保持理性，不迷失本心，做到"富贵不能淫，贫贱不能移"，才不会让富贵仅昙花一现，也不至于在贫贱中无法翻盘。

➌ 行动的启示：如何培养豪迈通达的人生态度？

面对纷繁复杂的人生，面对蜿蜒曲折的道路，毛主席说："自信人生二百年，会当击水三千里。"我们无法左右环境，但可以以豪迈通达的态度对待现实人生，只问耕耘，不问收获。子曰："饭疏食，饮水，曲肱而枕之，乐亦在其中矣。不义而富且贵，于我如浮云。"孔子说："吃粗粮，喝冷水，弯着胳膊枕着它睡，乐趣也在这当中。用不正当的手段得来的富贵，对我来说就像天上的浮云一样。"子曰："贤哉，回也！一箪食，一瓢饮，在陋巷，人不堪其忧。回也不改其乐。贤哉，回也！"孔子说："多么贤德啊，颜回！一碗饭，一瓢水，住在简陋的小巷子里，别人都不能忍受这种穷困清苦，颜回却不改变他（爱好学习）的乐趣。多么贤德啊，颜回！"孔子和颜回找到了人生的价值和目的，即使生活困顿也能怡然自乐，这就是儒者最高的境界——"孔颜乐处"。

苏轼才华盖世、为国为民，但是一生屡屡被冤枉、被打压，他没有自甘堕落，反而随遇而安，尽人事听天命，在地方治理、文学艺术上成绩斐然，活出诗意人生。《定风波》就是中国古人通达态度的完美展现：

〔宋〕苏轼《潇湘竹石图》，中国美术馆藏

莫听穿林打叶声，何妨吟啸且徐行。竹杖芒鞋轻胜马，谁怕？一蓑烟雨任平生。　料峭春风吹酒醒，微冷，山头斜照却相迎。回首向来萧瑟处，归去，也无风雨也无晴。

王维诗云"行到水穷处，坐看云起时"，人生境界也是如此。有学者这样解读王维的诗：在生命的过程中，不论是经营爱情、事业、学问等等，你勇往直前，到后来竟然发现那是一条绝路，没法走下去了，山穷水尽悲哀失落的心境难免出现。此时不妨往旁边或回头看看，也许有其他的路通往别处；即使根本没有路可走了，往天空看吧！虽然身体在绝境中，但是心灵还可以畅游太空，还可以很自在、很愉快地欣赏天与地，体会宽广深远的人生境界，再也不会觉得自己穷途末路。历史上无数的风流人物向我们展示了他们恣意潇洒、豁达通透的人生，令人欣然向往。某种程度上可以说，通达是一种结果，需要不断修炼，才能臻至通达的境界。

以丰富的阅读沉浸心灵。丰富的阅读，能够让我们充分了解自然和社会运行的规律和法则，知道时命的客观性和个人努力的主观性的二者统一，知道当下遇到的问题可能千百年前的人也在追寻一个答案，唯有和伟大的灵魂产生共鸣，我们才能不断地感受到这个世界的美妙与精彩。明白了阅读的重要性，更要注重阅读素材的选择，用文学去熏陶自己的情操，用史学去开阔自己的视野，用哲学去深化自己的认识，让众多思想家的思想精华涵养自己的精神，灌注自己的心灵。《明朝那些事儿》的作者当年明月，5岁开始读史；中学前，读《上下五千年》12遍；上初中时，开始读《二十四史》《资治通鉴》，然后是《明实录》《清实录》《明史纪事本末》《明通鉴》《明汇典》和《纲目三编》。他在写作前，已读过上千万字的史书。在接受采访时，当年明月曾透露，自己每天只看两小时书，但坚持了数十年。当被问到如何与孤独对抗时，他谈道："不断地看书，懂得这个世界的很多东西，知道这个世界的规律，那是一种无比的喜悦！"而当无数的追捧和夸赞袭来时，他表示："历史告诉我，无论脑袋多清醒，被人捧久了，就会变傻，就会认为你所得到的那些东西，是你应该得到的。"他决定作为一个旁观者，一步步看着自己走上来，也看着自己一步步地走下去。只有不断地与书籍相遇，才能保持思考的定力和清明的理性，坦然地面对生活。当年明月写《明朝那些事儿》，为何要以徐霞客结局？他说："讲述这人的故事，只想探讨一个问题，他为何要这样做？没有资助，没有承认（至少生前没有），没有利益，没有前途，放弃一切，用一生时间，只为了游历？其实这个世上很多事，本不需要理由。正如徐霞客临终前所说的：'汉代的张骞，唐代的玄奘，元代的耶律楚材，他们都曾游历天下，然而，他们都是接受了皇帝的命令，受命前往四方。''我只是个平民，没有受命，只是穿着布衣，拿着拐杖，穿着草鞋，凭借自己，游历天下，故虽死，无憾。'我想说的，就是我想通过徐霞客所表达的，足以藐视所有王侯将相，最完美的结束语：成功只有一个——按照自己的方式，去度过人生。"

以长远的眼光看待人生。生活在现代社会的人有个特点，就是容易焦虑，有的时候，人太容易用一时的成与败去定义一生的好与坏。因为一次考试的失败而否定自己未来的前景，因为未来的不确定而彷徨不安、踟蹰不前，过度沉沦于对"人生的意义"的想象，反而忽视了具体的生活，从而消解了人生的意义。"牢骚太盛防肠断，风物长宜放眼量。"将眼光放长远，大胆地生活，会发现生命的韧性远大于我们的想象。"老顽童"黄永玉，是中央美术学院教授、中国画院院士，新中国第一枚生肖邮票"猴票"的设计者，也是湘西流浪汉，家道中落后在 16 岁那年辍学，学历停留在小学，是侠客文化爱好者，60 多岁时制服了三个抢劫的小伙子，80 多岁时仍然想组织一个侠客队伍，劫富济贫，伸张正义。正如表叔沈从文曾对黄永玉说的那样："不妨勇敢地活下去，不必求熟习世故哲学，不必八面玲珑来取得成功，毫无顾忌地接受挫折。不用作得失考虑，也不必作无效果的自救。"黄永玉的一生，通透洒脱，富有生命力，无论环境如何改变，他追求自由不羁、保持童稚的心性却从未改变。即便到了晚年，他依然对各种新事物保持强烈的好奇心和探索欲，叼着大烟斗，戴着贝雷帽，练拳击、骑行、玩跑车。做梦遇到鬼，从来都是他追着鬼跑，吓得鬼到处躲。他的梦想是有一天把鬼捉住，挠他痒痒，看看鬼会不会笑。当与人谈论恐惧和苦难时，黄永玉说："你要记住，任何苦都会灭亡，只是这件事有个时间问题。我是看不到那一天了，但你可以，你要好好活着，好好吃饭，做好自己的事，活到那一天。这个过程你可能会遇到难处，遇到很多荒谬和可笑……你就把它当作一种观察，人还能这样呢？还能有这样的事呢？你要把它们当成笑话记住，等到将来写出来，讲给人们听，日子过去是这样的呢，多有意思！"回望人生，黄永玉说："我是在跑万米，不像跑一百米那么好看。跑万米绕圈的，不太有人看。我就是一个跑万米的人，要是有人说我跑得不好看，跑得慢，你不必停下来说道理，那就浪费了。让这个生命远一点，跑到终点是我们的目的。"直到生命的尽头，黄永玉依然潇洒如故，留下遗嘱，任何人不得为他办理纪念活动，不得取走他的骨灰，"我希望我的骨灰作为肥料，回到大自然"。受过苦难，挨过饥饿，他依然说，"人生苦，但人大于苦"。

以强大的执行力去实现梦想。"天下难事，必作于易；天下大事，必作于细。"真正的通达，永远要落于脚下，旁观他人的生活而忘记了赶自己的路，是无用的。在电视剧《士兵突击》中，主人公许三多在新兵训练结束后被分到地处戈壁、人迹罕至的红三连五班，他不攀比，不较劲，即便没人看见，也踏踏实实地做着眼前事，做内务、出早操、踢正步，坚守六个月修出了一条路。在进入钢七连后，许三多通过日复一日的训练和努力，创造了333个腹部绕杠的纪录。剧中有这样一段话形容许三多："每次做一件小事儿的时候，他都像救命稻草一样抓着，有一天，我一看，嚯，好家伙，他抱着的，已经是让我仰望的参天大树了。"在每一次训练中认真努力，在寂寞中咬牙坚守，不抛弃不放弃，正是这样稳稳当当的每一步，让他从一个普通的士兵成为一名出类拔萃的兵王。在这个社交平台充分发展的时代，我们太容易盯着别人的生活而忽视了自己脚下要走的路，在焦虑中耗费心神，只有将目光聚焦于当下，在行动中祛魅，才能获得心灵的解放与自由。

以丰富的阅读沉浸心灵，以长远的眼光看待人生，以强大的执行力去实现梦想，方可在天地间求得人生的通达与宁静。

1. 林语堂：《苏东坡传》，湖南文艺出版社，2016 年。

2. 张潮：《幽梦影》，中华书局，2008 年。

思 考 探 究

1. 结合历史上的例子来看，努力与成功是否存在必然联系？

2. 举一个你所钦佩的历史名人的例子，谈谈如何在困境中坚守理想。

社会生活篇

下篇

第 1 讲

理性的抉择

——如何冷静成熟地面对社会生活？

随着年龄的增长，也许我们会越来越多地听到家长、老师们这样的提醒：遇到问题或困难的时候，要保持冷静、理性的头脑。这是因为，善于理性地分析问题、处理问题，是一个人走向成熟的重要标志。如果说人类的思维方式可以分为感性和理性，那么，哲学思维具有明显的理性化特征。理性是人之为人的重要特质，也是人与人在社会中相处的基本原则。也就是说，"理性"并不只是个人生活层面的事情。从宏观上看，一个健康、有序、文明的社会，也是以理性的个人作为基础的。因此，当我们从个人生活的私人场合走向社会生活的公共场域时，需要认真审视"理性"本身，并以此作为指导我们投入社会生活的重要原则。

● 问题的缘起："理性"是如何成为社会生活原则的？

一般认为，"理性"概念起源于古希腊的"逻各斯"（logos），它与感性、

赫拉克利特雕像

知觉、情感和欲望等概念相对。古希腊哲学家赫拉克利特最早将"逻各斯"这个概念引入哲学，他认为，万物的生灭变化具有一定的尺度，虽然变幻无常，但人们能够把握这种内在的尺度和规律，也就是逻各斯。因此，逻各斯一方面表示客观事物内在的规律性，另一方面也与人们对内在规律的认识相关。换言之，探寻感性经验背后存在的稳定的、规律性的东西，这种思维方式就是"理性"的思维方式。理性的思维方式既要遵循外在的客观规律，也要遵循思维本身的规律，由此也引申出"逻辑"作为"客观规律"和"思维规律"的两种含义。简单来说，理性的思考，就是超出感性的束缚，用自己的逻辑思维来思考，通过对事物的分析和推理过程，提炼出抽象的、规律性的认识。

苏格拉底的哲学就是以理性为底色的。亚里士多德认为，苏格拉底最早进行归纳的论证，并尝试做出普遍性的定义。在思考人性和生活的问题时，苏格拉底想要追问的，并不是表面的现象，而是追问人的内在的、共同的本质，并试图提炼出普遍性的美德。与早期的一些哲学思潮不同的是，苏格拉底将人的理性提高到了更加重要的位置。他用"认识你自己"这样一个人的自我反思性原则，代替了外在的"神谕"，突出了人在生活中的自主性，限缩了传统宗教中神对人的生活的支配和干预。在苏格拉底所生活的时代，多神教长期盛行，但苏格拉底坚定地将理性作为人的思考和生活的基本原则，开创了一种理性主义的生活哲学，对后世文明产生了深远影响。

中国传统的哲学思想中，同样包含了理性主义的智慧。儒家的社会理想就是一个理性化、有秩序的社会。《礼记》中说："仁近于乐，义近于礼。"孔子从"仁"的角度解释"礼乐"制度的重要性，主张以"礼"确定人的社会身份、规范人的行为，以"乐"陶冶人的心性、沟通人的感情。因此，以健全的礼乐制度为基本表现的社会，并不是一个徒有外在形式的社会，而是一个以"仁"的价值为内核的社会。这样，孔子就将外在的社会规范归结于人的内在规范，同样凸显了人在社会生活中的主体地位。由此可以看出，中国传统文化非常重视将人的理性的内在精神原则和社会生活的外在表现统一起来，这就是我们要在社会生活的背景和环境中理解人的理性的原因。

此外，孔子对于生死、宗教的态度，也深深影响了中国人的精神生活。他说："未知生，焉知死。""敬鬼神而远之。"同样表明了一种重视人的现世生活的理性态度。我们知道，孔子既是伟大的哲学家，也是伟大的教育家，他非常重视学习、思考对于人的内在成长的作用。"知之为知之，不知为不知，是知也。"这样的教诲，大家都耳熟能详。在孔子之后，孟子进一步提出："是非之心，智之端也。"这就是说，明辨是非的判断力，是一个人本性的重要组成部分。这些都表明，中国古代哲学也将人的内在的理性能力作为日常生活的重要原则。

通过上述梳理我们可以看出，中国古代哲学不像古希腊哲学那样强调形式化的逻辑思维，但是并不缺乏理性传统，而是同样重视对人的理性品质的培养，并且赋予理性以更为丰富的内涵。用今天的概念来说，中国传统哲学所推崇的理性，并不是一种单纯的"工具理性"，而是更加强调一种"价值理性"。所谓"工具理性"，是指借助作为工具的理性以达成自己的目的，而且主要是指功利性、效用性的目的；而所谓"价值理性"，则是关于价值问题的理性思考，也是一种以人的主体性为中心的理性思考。随着人类社会的发展，上述两种意义上的理性都得到了更大的发展，并在现代社会中成为主导性的精神原则。

二 哲学的解答：如何在社会生活中深化对理性的理解？

在哲学史上，尽管也有哲学家反思了理性本身的问题，但理性始终是占据主流的方面。理性不仅对于个人的心智成长具有重要作用，而且在社会秩序的建立、伦理道德的规范方面，都扮演着不可或缺的角色。透过哲学史上"理性"概念的发展以及不同哲学家对理性的不同诠释，我们可以对理性在社会生活中的作用有更深的理解。

《蒙田随笔》书影

在西方漫长的中世纪后，随着启蒙时代的到来，哲学家们进一步高扬起"理性"的旗帜。启蒙思想先驱蒙田十分推崇苏格拉底基于理性的反思和怀疑精神，他认为，哲学应该帮助人摆脱一切羁绊，自由自在地判断事物。此后的孟德斯鸠、伏尔泰等人，都在人文主义的方向上肯定了人的理性能力，主张挣脱传统宗教秩序的束缚，努力探寻新的社会秩序。唯物主义哲学也在启蒙时代得到了发展，霍尔巴赫等思想家强调，理性是经验在思考之后发生的变化，人是理性的存在物，美德就是人们在社会中做出对大家有益的事情。人们为了生活得更好而订立社会契约，根据这种契约，人们应该彼此服务，而非相互损害。

围绕社会生活中的伦理道德问题，关于理性的哲学思考不断得到深化。17世纪英国经验主义伦理学成为西方近代伦理思想发展最早的理论成果，培根、格劳秀斯、霍布斯和洛克是这一成果的主要创造者。今天，大家已经非常熟悉培根喊出的"知识就是力量"的口号，但很多人不了解的是，培根同时提出并论证了"知识就是道德"的重要命题，从而发展了理性主义的伦理观。洛克在认识论领域提出了著名的"白板说"，强调经验对人的认识具有先决作用。同时，他也提出，人格的核心在于思考者的理智存在，它具有理性、能反思的特征，人格的同一性就来自这种意识。

欧洲大陆的唯理论矫正了英国经验论的偏颇，17—18 世纪英国本土的道德情感论则修正了它在道德价值取向上的偏颇。17 世纪的笛卡儿和斯宾诺莎是近代理性主义哲学和伦理学的先驱。笛卡儿"我思故我在"的命题奠定了西方近代理性主义哲学的基本原则。他认为，理性使人有智慧，从而使人因明理而可能获得善的真知。斯宾诺莎提出，人作为自然的一部分，其行为确实受自然法则的左右，但关键在于人的理性使人懂得，只有用理性来指导和控制人的自然情感和欲望，才可能过有道德的生活。不过，也有哲学家对这种理性主义道德观持不同观点，比如 18 世纪中后期的休谟。他认为，道德的起源不是人的理性，而是人的情感，因为对事实本身"是什么"的理性分析无法推导

洛克像

斯宾诺莎像

出在道德上"应该"做什么。休谟和亚当·斯密的情感利他主义直接影响了英国功利主义伦理学。功利主义哲学家对社会生活中的理性有另一番理解。他们提出，道德层面的理性，就是计算和实现最大多数人的最大幸福。

　　现在，我已经将我要说的所有关于心灵克制情感的力量，以及关于心灵的自由的意义充分发挥了。由此可以明白看到，智人是如何地强而有力，是如何地高超于单纯为情欲所驱使的愚人。……凡是一个可以真正认作智人的人，他的灵魂是不受激动的，而且依

某种永恒的必然性能自知其自身，能知神，也能知物，他决不会停止存在，而且永远享受着真正的灵魂的满足。[1]

——斯宾诺莎

人类几乎随时随地都需要同胞的协助，要想仅仅依赖他人的恩惠，那是一定不行的。他如果能够刺激他们的利己心，使有利于他，

并告诉他们，给他作事，是对他们自己有利的，他要达到目的就容易得多了。不论是谁，如果他要与旁人作买卖，他首先就要这样提议。请给我以我所要的东西吧，同时，你也可以获得你所要的东西：这句话是交易的通义。我们所需要的相互帮忙，大部分是依照这个方法取得的。我们每天所需的食料和饮料，不是出自屠户、酿酒家或烙面师的恩惠，而是出于他们自利的打算。我们不

亚当·斯密像

说唤起他们利他心的话，而说唤起他们利己心的话。[2]

——亚当·斯密

卢梭深刻分析了人类社会不平等的本质，他的理论成为 18 世纪法国大革命的思想旗帜，他强调人的尊严、标榜道德理想的主张产生了深远的影响，也成为后来德国古典哲学创始人康德的直接灵感来源。康德坦言，是哥白尼让他学会了仰望和崇敬"头上的星空"，是卢梭教会了他"尊重人"并敬仰

1　斯宾诺莎：《伦理学》，贺麟译，商务印书馆，1997 年，第 267 页。
2　亚当·斯密：《国民财富的性质和原因的研究》上卷，郭大力、王亚南译，商务印书馆，1972 年，
　　第 13—14 页。

人"内心的道德法则"。康德等哲学家认为，道德意义上的理性，不是对事实本身的归纳总结，而是深藏于人内心的"道德法则"。比如，每一个人都不得把他人仅仅当作自己的手段，而是应该把人当作目的。

> 在全部造物中，人们所想要的和能够支配的一切也都只能作为手段来运用；只有人及连同人在内所有的有理性的造物才是自在的目的本身。因为他凭借其自由的自律而是那本身神圣的道德律的主体。[1]

> 有两样东西，人们越是经常持久地对之凝神思索，它们就越是使内心充满常新而日增的惊奇和敬畏：我头上的星空和我心中的道德律。[2]

——康德

黑格尔在肯定康德的贡献的同时，批评康德割裂了"理论理性"与"实践理性"之间的辩证联系。在此之后，费尔巴哈深刻批判了德国古典哲学的唯心主义，主张从自然人性出发，把新的哲学建立在人的幸福和爱的情感基础之上，最终走向所谓"爱的宗教"。马克思主义认为，费尔巴哈的这种哲学思想仍然只是一种旧的、不彻底的唯物主义，因为费尔巴哈只是用抽象的、所谓自然的人道主义代替唯心主义的思辨观念，没有从社会实践的层面解析这些观念得以形成的现实基础。在马克思看来，在社会生活和科学研究中，人都需要运用自己的理性，但是这种理性的运用不能脱离具体的社会实践，否则就会陷入唯心主义的玄想。总而言之，哲学家们关于社会生活中理性的作用和性质的争论，丰富了我们对于理性本身的理解，也引导人们更加

---

1 康德：《实践理性批判》，邓晓芒译，人民出版社，2003 年，第 119 页。
2 康德：《实践理性批判》，邓晓芒译，人民出版社，2003 年，第 220 页。

全面地思考一个社会的具体生活情境中存在的各种复杂因素。

社会学家马克斯·韦伯在理解整个现代社会历史时，把社会生活现代化的核心理解为人类生活组织的不断理性化的过程。他也是从这种观点出发来理解资本主义的历史崛起的。他认为，资本家由于具备理性计算的头脑而从封建社会脱颖而出，他们理性地组织生产，以获得高于支出的收益。封建社会中人们的生活方式和思维方式是相对具体的、有机的，人总是受到土地意象的具体支配，而资本主义在精神上却是抽象的、量化计算的，它割断了人同土地的联系。这种理解虽然并未完整阐明资本主义生产方式占据统治地位的真正原因，但是强调了"理性化"在其中扮演的重要角色。

正如韦伯所揭示的那样，现代社会生活由于生产方式的进步和社会组织方式的复杂化，在经济、政治、社会等领域，逐渐用理性化的机制取代了人与人的直接交往，让"理性"尤其是量化计算式的"工具理性"的作用日益凸显。因此，一些哲学家也批判现代资本主义社会中这种过度强调经济利益的"理性"对人的负面效应。如果为了追求效益而组织起来的企业不考虑劳动力作为人的完整生活需要和现实发展情况，一味地采取技术手段和理性标准来严苛地控制劳动生产过程乃至人们的社会生活，这将带来的就不是人自身的解放，而是"工具理性"对人本身的束缚。人们就会在社会中感受到自己主体性的丧失，感受到自己的理性所创造出来的事物反过来支配了自身，这就是马克思所批判过的"异化"。

在社会上，亦如在精神世界一样，世俗的目标最终升到了支配地位；经济的合理组织已经增加了人支配自然的力量；而且，从政治上看，社会也已变得更加合理，更加讲究功利，更加民主，并且也造成了物质的丰富与进步。启蒙时代的人曾预言，理性将无止境的胜利扩展到社会生活的各个领域。但是，在这里，理性已经受挫于它的对立面，受挫于层出不穷又预料不到的实际事物——战争、经济的危机与脱节、群众里的政治动乱。再者，在一个官僚化的、非个人的大众社会里，人的无家感和异化感更趋强烈。他已经开始感到，甚至在他自己的人类社会里，他自己也是局外人。他被三重地异化了：不仅对于上帝、对于自己是个陌生人，而且对于提供他物质必需品的庞大社会机构也是个陌生人。[1]

——威廉·巴雷特

这启示我们，生活在现代社会，如果一个人缺乏对理性的重视，缺乏对自己理性的训练，是难以应对社会生活的基本运行机制的；而如果一个社会过于强调理性标准，过于看重经济指标、技术指标、绩效指标，也会给生活在其中的人带来过大的压力和伤害，这就背离了社会弘扬理性原则的基本初衷。因此，对于"理性"原则，我们同样需要完整和辩证的理解。

三 行动的启示：如何在社会生活中做出理性的选择?

明确了理性的重要性，那么，在具体的社会生活中，我们如何才能做出理性的选择呢？

首先，在面对社会生活中的各类人、事、物时，我们需要积极运用自己的理性思维，分析事物的本质，做出自己的判断。《礼记·中庸》这样概括学习和思考的过程：

博学之，审问之，慎思之，明辨之，笃行之。

这句话就是说，要博学多才，要对学问详细地询问，彻底搞懂，要慎重、

---

1 威廉·巴雷特：《非理性的人：存在主义哲学研究》，段德智译，上海译文出版社，1992年，第36页。

康德像

细致地思考，要明白地辨别，要切实地力行。"博学"是开端，"笃行"是结果，而"审问""慎思""明辨"都是学习和思考的重要环节，是理性思考的基本要求，和现代教育中推崇的培养"批判性思维"的目标具有内在一致性。而所谓"勇敢地"使用自己的理性，这是借用了德国古典哲学家康德的说法。在蒙昧的时代，人们并不是用自己的头脑来进行判断和选择的，而在启蒙以后的现代文明社会，每个人都应该更加珍视自己的理性力量，在面对社会生活的纷繁选择时，掌握理性的思维分析方法，进而勇敢地自己思考，自己判断，自己抉择。

　　启蒙运动就是人类脱离自己所加之于自己的不成熟状态。不成熟状态就是不经别人的引导，就对运用自己的理智无能为力。当其原因不在于缺乏理智，而在于不经别人的引导就缺乏勇气与决心去加以运用时，那么这种不成熟状态就是自己所加之于自己的了。Sapere aude！要有勇气运用你自己的理智！这就是启蒙运动的口号。[1]

——康德

　　其次，在面对社会生活中的伦理道德选择时，我们需要保持理性、冷静的态度，坚守正确的价值观，塑造自己的主体性。生活总是包含着人与人之间的社会交往，需要我们不断做出道德判断，进而指导我们的行动。人人都知道，应该坚守善的基本原则，待人诚信友爱，维护社会公平正义。但是，

1　康德：《历史理性批判文集》，何兆武译，商务印书馆，1990 年，第 22 页。Sapere aude 意为"要敢于认识"，语出罗马诗人贺拉士的《诗论》。

我们有时会面对利益的诱惑、外界的压力、可能的误解，往往还会面对不同的善的基本原则之间发生的冲突。这时，就是考验我们的理性的时候了。我们会发现，社会生活中的抉择总是复杂的，是多重因素综合考虑之下的结果。很多时候，甚至并没有唯一正确、十全十美的抉择，往往"鱼与熊掌不可兼得"。但是，恰恰是在这样需要自己做出的抉择中，我们塑造了自己的生活，也塑造了自己的主体本质和社会形象。我们如果想要成为一个对社会有贡献、受他人尊重的人，就要做好这样的抉择。

最后，面对现代生活中一些领域出现的"工具理性"过度膨胀、损害人的自由全面发展的问题，我们需要采取辩证、审慎的态度来面对。在坚持以"工具理性"服务于"价值理性"，用"价值理性"合理地规制"工具理性"的基础上，不能任由技术指标、技术手段一味地加强对于人的主体性的控制，不能只考虑经济利益、实际效用，不考虑事情的综合效应、人文价值。在 2023 年全国两会后的记者会上，国务院总理李强谈到政府自身建设时指出，不能只踩刹车、不踩油门，不能只设路障、不设路标，凡事要更多做"应不应该办"的价值判断，不能简单做"可不可以办"的技术判断。这也启示我们，在现实社会生活中综合运用价值理性和工具理性，以价值判断引导技术判断，才能促进社会发展和个人进步。

拓 展 阅 读

1. 斯宾诺莎:《伦理学》，贺麟译，商务印书馆，1997 年。

2. 亚当·斯密:《国民财富的性质和原因的研究》，郭大力、王亚南译，商务印书馆，1972 年。

3. 威廉·巴雷特:《非理性的人：存在主义哲学研究》，段德智译，上海译文出版社，1992 年。

4. 康德:《历史理性批判文集》，何兆武译，商务印书馆，1990 年。

思 考 探 究

1.你是否赞同亚当·斯密所提出的"理性人"假设？你认为其中合理的地方在哪里，不合理的地方在哪里？

2.你如何理解文中所说的"价值判断"和"技术判断"的关系？请结合社会生活中的例子，谈谈你对这两种不同的理性判断的理解。

第 2 讲
公正的秩序

——如何构建一个和谐有序的社会？

　　近年来，"青少年模拟政协活动"吸引了许多中小学生的参与。同学们精心准备的模拟提案，展示了当代中国青少年的精神面貌和家国情怀。作为思政和素质教育的实践创新形式，模拟政协活动对于学生了解和体验中国特色协商民主制度，培养学生的社会责任意识，引导学生积极参与推动社会进步，具有重要的价值。一个社会要健康运转，就需要构建一个和谐的社会秩序。那么，究竟怎样的社会秩序才是人们所期待的、和谐的社会秩序？如何才能构建起这样的社会秩序？古往今来，哲学家们在这方面进行了许多思考。作为当代青少年，了解这一问题，对于我们未来参与社会生活、构建更加美好的社会秩序，也将具有指导意义。

一　问题的缘起：古代哲人眼中和谐的社会秩序是什么样的？

　　在世界上的各种文化中，中国传统文化尤为向往社会的和平稳定，反对

《论语 大学 中庸》书影

分裂与动乱。这种思想倾向，缘起于孔子所创立的儒家思想。孔子生活在一个动乱的年代，即春秋战国时期。面对礼乐崩坏、社会失序的局面，孔子希望重新建立起一套社会秩序，而且，这套秩序应该是人们发自内心认可的。他相信，如果一切都能在社会秩序的轨道上运行，那么各种社会问题都可以迎刃而解。因此，他说："君子谋道不谋食，君子忧道不忧贫。"这个道，既是天下之大道，也是人人应该遵循的社会规范之道。

那么，什么是孔子想要重建的社会秩序呢？首先，就要"正名"，也就是每个人都要按照他所承担的社会角色来履行相应的社会职责。在封建社会中，这就是"君君、臣臣、父父、子子"的规范。这句话的意思是，处于君王位置的人，要遵循君王这个位置的规范，为臣、为父、为子也是同样的道理。对于孔子的这一思想，我们应该辩证地看待：一方面，今天的我们并不赞成这种封建秩序下的君臣关系，而是主张人人平等；另一方面，在现代的社会秩序之下，人们仍然扮演着不同的社会角色，如果每个人都按照相应社会角色所要求的规范，做好自己的本职工作，那么社会自然可以良性运转。就此而言，我们应该批判性地吸收孔子思想中那些仍然具有积极意义的内容。当然，一个各司其职、各循规范的社会，不仅需要外在的制度约束，更离不开每个人内在的道德素养。因此，孔子特别重视对人的道德教化，将教化手段作为构建社会秩序的关键。他倡导人们以"仁"作为核心原则，做有道德、守规范的"君子"。孔子认为，君子首先要修养自己，然后再做到让别人安乐，最终目标则是使百姓安乐。这说明，孔子认为社会秩序的基础是每个人提高自己的内在修养，进而与他人和谐相处，对社会做出贡献。相比于孔子，孟子更加强调以民为本、施行仁政，把尊重社会生产的自然规律和遵循社会生活的基本法则结合起来，建设一个人与自然、人与人关系和谐的社会。

> 五亩之宅，树之以桑，五十者可以衣帛矣。鸡豚狗彘之畜，无失其时，七十者可以食肉矣。百亩之田，勿夺其时，数口之家可以无饥矣。谨庠序之教，申之以孝悌之义，颁白者不负戴于道路矣。七十者衣帛食肉，黎民不饥不寒，然而不王者，未之有也。[1]
>
> ——《孟子》

在西方文明中，社会秩序的问题同样很早就引起了哲学家们的深刻思索。古希腊存在各种不同制度下的"城邦"（polis），当时的哲学家也根据其所身处的社会状况，提出了各种不同的社会秩序的构想。在《理想国》中，柏拉图借苏格拉底之口，阐述了他对城邦之形成的理解。由于人们无法单独满足生活的需要，很多人便聚居在一起，通过社会分工的方式，彼此作为伙伴来共同生活，并在此基础上建立起特定的军事、教育等制度。柏拉图主张，城邦

《理想国》书影

应该建立在正义的秩序基础上。他所设想的理想秩序是一个"哲人王"统治之下的秩序，正如一个人的身上具有理智、意志和欲望三种要素一样，一个国家也应该由统治者、保卫者和劳动者三种社会分工组成，而"哲人王"作为统治者，代表着智慧，以追求真理为目标。在这种秩序下，同样需要人人尽职，共同维护社会的正义。柏拉图的设想虽然有其启发意义，但终究是唯心主义的。现实中并不存在"哲人王"，这种设想既不是一种现实的社会秩序，也不是一种能被现代人认可为正义的社会秩序。

1　杨伯峻译注：《孟子译注》，中华书局，2010年，第5页。

我们建立这个国家的目标并不是为了某一个阶级的单独突出的幸福，而是为了全体公民的最大幸福；因为，我们认为在一个这样的城邦里最有可能找到正义，而在一个建立得最糟的城邦里最有可能找到不正义……当前我认为我们的首要任务乃是铸造出一个幸福国家的模型来，但不是支离破碎地铸造一个为了少数人幸福的国家，而是铸造一个整体的幸福国家。

如果作为法律和国家保卫者的那种人不成其为护卫者了，或仅仅似乎是护卫者，那么你可以看到他们将使整个国家完全毁灭，反之，只要护卫者成其为护卫者就能使国家有良好的秩序和幸福……我们必须劝导护卫者及其辅助者，竭力尽责，做好自己的工作。也劝导其他的人，大家和他们一样。这样一来，整个国家将得到非常和谐的发展，各个阶级将得到自然赋予他们的那一份幸福。[1]

——柏拉图《理想国》

二 哲学的解答：现代社会的和谐秩序如何建立？

《社会契约论》书影

随着人类文明的发展进步，人人平等的社会秩序成为普遍追求的目标，传统的封建"人治"的社会秩序被现代社会基于个体权利的"法治"秩序所取代。在此过程中，哲学家对良好、和谐的社会秩序的理解也不断深化。

作为启蒙哲学的重要思想家，卢梭写作了《社会契约论》，主张基于人的权利形成一种合理的社会秩序。具体来说，人作为独立的公民，通过社会契约的形式，组成现代国家，订约双

---

1 柏拉图：《理想国》，郭斌和、张竹明译，商务印书馆，2011年，第135页。

方都要承担一定的义务，并享有一定的权利。个人让渡给社会的权利，又会以法律的形式转化成对人的权利的更大保障。这种从个人权利出发的政治哲学，构成了现代文明的重要基石。

> 由自然状态进入社会状态，人类便产生了一场最堪瞩目的变化；在他们的行为中正义就取代了本能，而他们的行动也就被赋予了前此所未有的道德性。唯有当义务的呼声代替了生理的冲动，权利代替了嗜欲的时候，此前只知道关怀一己的人类才发现自己不得不按照另外的原则行事，并且在听从自己的欲望之前，先要请教自己的理性。[1]
>
> ——卢梭《社会契约论》

马克思主义认为，人类文明的进步是以生产方式的变革为基础的。"启蒙运动"之所以会发生，人们之所以能够建立对社会秩序的崭新理解，也是由于资本主义生产方式的形成与发展。马克思、恩格斯指出，在封建社会里孕育出的资产阶级不断发展，最终导致封建的所有制关系不再适应已经发展的生产力。"起而代之的是自由竞争以及与自由竞争相适应的社会制度和政治制度、资产阶级的经济统治和政治统治。"这是现代政治哲学的深层物质基础。同理，随着社会生产力的进一步发展，资产阶级的经济制度、社会制度和政治制度也将被更理想的新秩序所取代。

1894 年 1 月 3 日，意大利人卡内帕给恩格斯写信，请求他为即将在日内瓦出版的《新纪元》周刊创刊号题词，而且要求尽量用简短的字句来表述未来的社会主义纪元的基本思想。恩格斯的回答，就是他和马克思在《共产党宣言》中写的这段话："代替那存在着阶级和阶级对立的资产阶级旧社会的，

1　卢梭：《社会契约论》，何兆武译，商务印书馆，2005 年，第 25 页。

将是这样一个联合体，在那里，每个人的自由发展是一切人的自由发展的条件。"[1] 空想社会主义的历史已经证明，任何想要在头脑中建构新社会的尝试都是徒劳的，我们所能做的只是指出它的基本方向，绘出它的大致轮廓，至于具体的细节，应当也必须留给实践来回答。因此，我们不应沉溺于对未来共产主义社会的细节描绘，而是可以从生产力状况、生产关系状况、社会生活和精神生活等方面，去把握共产主义社会的基本特征，根据历史规律和历史趋势不断加深对其轮廓和基本特征的认识。

总之，对于现代社会而言，和谐美好的社会秩序不仅是有序的，而且应该是公平正义的。通过对资本主义制度的批判性扬弃，我们可以建立一种更加公平正义的社会秩序，避免阶级压迫、两极分化，促进全体人民更加全面的发展，让人们获得真正的平等和更大的自由。

在追求现代化的历史进程中，中国人民苦苦探索，为了构建适合中国的现代社会制度付出了巨大艰辛和努力。孙中山提出了"三民主义"构想，并且将民生主义与社会主义、共产主义联系起来。他说："民生主义就是社会主义，也就是共产主义，不过办法各有不同。""实行民生主义，而以社会主义为归宿，俾全国之人，无一贫者，同享安乐之幸福，则仆之素志也。"中国共产党人将社会主义社会理想同中华优秀传统文化相结合，毛泽东在领导中国革命和建设的不同历史时期，坚持运用马克思主义关于社会基本矛盾的分析方法指导实践，为社会主义中国奠定了新的制度基础和物质基础，形成了关于正确处理人民内部矛盾的重要思想，为在社会主义制度之下构建和谐良好的社会秩序提供了方法论原则。改革开放以来，中国社会的活力进一步迸发，综合国力和人民生活水平不断提高，构建社会主义和谐社会成为中国特色社会主义建设的重要任务。

中国特色社会主义进入新时代，我们如期全面建成小康社会，也将促进

---

1 马克思、恩格斯：《共产党宣言》，人民出版社，2018年，第51页。

把共同富裕摆在更加突出的位置上。党的二十大报告提出，中国式现代化是"全体人民共同富裕的现代化"，要"坚持把实现人民对美好生活的向往作为现代化建设的出发点和落脚点，着力维护和促进社会公平正义，着力促进全体人民共同富裕，坚决防止两极分化"。中国式现代化也是"物质文明和精神文明相协调的现代化"，要"促进物的全面丰富和人的全面发展"。在中国式现代化新征程上，我们对一个和谐运转、公平正义的社会秩序的理解更具体、更丰富，也更深刻了。在迈向共同富裕的过程中，每个人都将获得更好的发展机会。一个高质量发展而又更加公平正义的社会，也是我们每个人所期待的。

> 实现全体人民共同富裕，从根本上体现了党的初心使命、性质宗旨，体现了我国社会主义制度的优越性，有利于激发全体人民的积极性、主动性、创造性，有利于增强党的凝聚力、向心力、号召力。……要完善促进机会公平、维护社会公平正义的制度机制，畅通社会向上流动通道，打破利益固化藩篱，创造公平竞争的良好环境，保证人民平等参与、平等发展权利，让每个人都获得发展自我和奉献社会的机会，共同享有人生出彩的机会，共同享有梦想成真的机会。
>
> ——习近平《为实现党的二十大确定的目标任务而团结奋斗》

❸ 行动的启示：如何为一个更好的社会做出自己的贡献？

作为现代社会的公民，我们怎样才能正确地参与到良好社会秩序的构建之中，以自己的努力为社会的健康发展做出贡献呢？从哲学观念与哲学实践的角度来说，有这样几个方面。

第一，培养自我意识和人文关怀。作为学生，我们可以通过哲学思考和实践来培养自我意识和人文关怀。这意味着关注自己内心的价值观、信念和目标，并以同理心和关爱他人的态度对待周围的人和环境。我们可以通过思考生命的意义、道德价值和社会责任等问题，深入了解自己与社会的关系，并以积极的方式参与社会活动，推动社会的进步和发展。参与社区服务是展示社会责任感和关爱他人的重要方式。我们还可以参加一些志愿者组织和公益项目，如环保活动、慈善活动、老年人服务中心或儿童教育项目，来帮助那些需要帮助的人。在实际地为周围的人们做出贡献的过程中，我们自己也会感到自我价值的实现和社会责任感的提升。

第二，坚持人民立场，秉持公平正义的态度。"人民至上"既是马克思主义世界观和方法论的重要体现，也是我们在面对社会热点问题、参与社会公共事务时所应该秉持的一种基本立场。只有坚持从最广大人民的利益出发，我们才能正确判断什么政策是对的，什么做法是对的，不受个别因素与私人利益的困扰，在需要我们做出选择的时候，坚定地站在公平正义的一边。我们可以从哲学的角度思考社会不平等的根源和后果，通过行动来争取和维护公正与平等的原则。我们也可以积极支持包容性的政策和全面深化改革，共同努力构建一个更加公正、平等和包容的社会。

第三，推动思想和文化创新。哲学鼓励人们积极思辨，探索新的思维方式和文化方式，以推动社会的创新和进步。青少年可以通过哲学思考来挑战既有的观念和结构，提出新的思维模式和解决问题的方法。可以参与艺术、文化和科技领域，通过创作、表达和分享自己的观点和创意，影响社会的思潮和文化发展。作为学生，我们可以利用自己的知识和技能来传播积极的价值观和知识，比如利用社交媒体和其他传媒渠道，分享正能量的信息和启发他人的故事。通过传播积极的信息和知识，可以影响更多人的思想和行为，通过思想和文化的创新，可以为社会带来新的活力和启迪，促进社会的变革和繁荣。

第四，明确自己身为公民的权利和义务，并且积极地参与社会事务。这不仅是一种社会层面、政治层面的责任，也是对我们作为社会中的理性个体、平等主体的自我确认。我们不仅生活在家庭中、校园中，也生活在城市中、国家中，作为市民、作为国家的公民，我们可以为一个更加美好的城市、更加美好的社会、更加美好的国家倾注我们的热情和思考，尽自己的一份力量。我们应该积极了解国家的大政方针、城市的发展变化，按照法律规定，积极参与政治生活，履行公民义务，自觉抵制各种危害国家安全和社会秩序的观点与行为，让我们生活的社会因为我们而更加健康、更有活力、更加美好。

总之，从哲学观念和哲学实践的角度来看，青少年可以通过培养自我意识和人文关怀、倡导和践行公正与平等，以及推动思想和文化创新，履行公民的权利与义务，为营造一个良好的社会氛围做出自己的贡献。

拓展阅读

1. 马克思、恩格斯：《共产党宣言》，人民出版社，2018 年。

2. 卢梭：《社会契约论》，何兆武译，商务印书馆，2005 年。

3. 柏拉图：《理想国》，郭斌和、张竹明译，商务印书馆，2011 年。

4. 杨伯峻译注：《孟子译注》，中华书局，2010 年。

思考探究

1. 站在现代社会的角度看，孟子对于理想社会秩序的理解有哪些启发意义？

2. 构建一个和谐有序的社会，需要每个人的积极践行。为了激励青少年参与进来，你有怎样的建议？

第 **3** 讲
社会的规律

——如何把握必然与自由的关系？

　　社会是由人的活动和人们之间的关系构成的。我们知道，每个人的活动都具有自主性。那么，在人们自主的活动和关系的综合作用下，社会的发展有没有内在规律？如果有，哲学家们如何理解社会发展的规律？理解这个问题，是我们正确看待社会生活的基础。

一　问题的缘起：个人如何成为社会中的人？

　　从广义上讲，社会在人们结成群体生活之后就已经出现，社会关系就是指人和人的关系。人和很多群居动物一样，不能靠单打独斗生存下来，而只能靠结成大大小小的共同体。不过，在生产力极不发达的原始文明阶段，这种共同体主要还是基于血缘关系而结成的家族和氏族部落关系。在这一阶段，我们今天所说的有别于家庭的社会还没有出现。随着人类进入农耕文明阶段，大规模的耕种作业需要超出家庭的范围，将更多人组织起来投入生产活动，这种生产中的协作催生了新的人与人之间的社会关系。在生产中结成的社会关系的基础上，继而出现了更加复杂的社会分工和人与人之间新的阶级支配关系，这就有了早期的国家，这种人口组织规模的扩大化和社会关系的复杂化，也被认为是人类真正从蛮荒时代进入"文明社会"的标志。从这个时代开始，"社会"才真正作为一种超越家庭之外的组织和关系而存在。

《政治学》书影

　　古希腊哲学家亚里士多德在《政治学》中说："人天然是城邦的动物。"由于"城邦"一词后来衍生出了"政治"的含义，这句话有时也会被理解为"人天然是政治的动物"。实际上，这样的理解窄化了这句话的内涵，夸大了政治对人的影响。如果回到亚里士多德的语境之中，那么这句话的意思是，人天生就是社会性的动物，而城邦就是人们形成的一种社会形式。中国古代哲学家也从人的本性的角度阐发过社会对于个人的意义。孔子说："鸟兽不可与同群，吾非斯人之徒与而谁与？"这句话的意思是说，人不可能与鸟兽同群共处，人只能在人的共同体之中生活。荀子也说，人的力气不如牛大，走路不如马快，但是牛马却为人所驱使，这是为什么呢？因为"人能群，彼不能群也"。正是由于人们结成的社会关系，人们才能创造自己的文明。

　　总的来看，在农业文明时代，社会主要还是被理解为建立在血缘和宗族关系的基础上，哲学家们对社会运行的规律的理解，也是以自然运行的规律为参照的。在中国传统哲学中，这就表现为从"天道"的角度来理解"人道"，也就是说，"天人合一"的智慧不仅包含古人对人与自然关系的理解，也包含古人对社会发展的规律的理解。在这种理解之下，个人只有顺应自然天道，扮演好自己的社会角色，才能形成良好的秩序，同时很好地发展自我。

　　而在西方哲学的源头，也有许多哲学家认为，人类社会作为自然宇宙的一个部分，遵循着同样的自然规律，因此并没有什么自由和偶然性可言。第一个提出物质原子论的古希腊哲学家留基伯就认为："没有什么是偶然发生的，每一件事都是必然。"在留基伯看来，整个世界都是由不可分割的"原子"组成的，这些原子按照固定的法则相互碰撞，从而彼此结合或者分裂。原子结合在一起就形成了各种事物，而当原子的集合分裂，事物就不复存在。因此，所有事物都是原子碰撞的结果。这种观点虽然是唯物主义的，但是否定了人类社会的特殊性和人的主体性，把一切都当作必然。直到 18 世纪，法国启蒙哲学家霍尔巴赫依然认为，我们都是自然世界中的事物，人类的自由意志并不存在。

　　　　我们的生命，就是自然命令我们在地球表面上划的一条线，决不容我们有一刻离开它。我们降生于世并非出自我们的心愿，我们的机体也由不得我们作主，我们的观念是无意中来到我们的，我们的习惯，完全在于使我们感染这些习惯的人们的能力的大小；我们是不断地被一些可见的或隐蔽的原因所改变，这些原因必然地规范着我们的存在、思维和活动的方式。我们是好是坏、幸福或不幸福、明智或愚笨、有理性或没有理性，对于这些不同的情况，我们的意志丝毫无能为力。[1]

　　　　　　　　　　　　　　　　　　　　　——霍尔巴赫

　　上述这种认为一切都是必然、人没有自由的哲学观点，被称为"决定论"。你是否认同这种看法呢？事实上，也有许多哲学家反对这种观点。他们给出了很多的理由，其中之一是：如果一切都是必然的话，人还怎么为自

1　霍尔巴赫：《自然的体系》上卷，管士滨译，商务印书馆，1964 年，第 164 页。

己的行为负责呢？比如，一个小偷，之所以偷东西，是由他自己的意志决定的，因此，社会也应对他的这种决定和行为做出惩罚。难道我们能说，他是由于外界环境等因素的综合影响，才必然要偷的吗？可见，人们的社会实践中体现了人的自由意志、自主活动。同样是在 18 世纪，苏格兰哲学家托马斯·里德提出了最早的自由意志学说。

> 道德主体的自由，在我看来就是控制自身意志所作决定的力量。
> 在任何行动中，如果他有力量去想做什么或不想做什么，在这个行动中他就是自由的。但是，如果在每一个自主行动中，他的决定都是心灵状态中的某些不由自主的东西，或存在于外部环境的东西的必然结果，他就不是自由的；他没有我称为道德主体的自由的那种自由，而是受制于必然性。[1]
>
> ——托马斯·里德

里德认为，如果一个人的行为选择完全受到外部环境的影响，那么他就还是屈从于欲望。但是，人是可以不受制于这种必然性的，他可以用自己的意志来控制自己的行为，从而成为一个道德主体。在中国传统哲学中，其实也有类似的看法。这种超越本能欲望的选择被称为"良知"，这正是人区别于动物的地方。也就是说，在人类实践中，人们并不是完全屈从于自然的必然性，而是可以做出自己的选择，进而按照自己的主观意愿，构建起一整个属于人的社会。

1　小西奥多·希克、刘易斯·沃恩：《做哲学：88 个思想实验中的哲学导论》，柴伟佳、龚皓译，北京联合出版公司，2018 年，第 212 页。

二 哲学的解答：如何理解社会发展的规律？

人类社会虽然是从自然界中发展出来的，但是，人类所结成的社会与自然界本身毕竟是相当不同的。随着生产力的发展和生产方式的变革，人类社会形态发生了巨大变化，人们对社会发展规律的理解也更加深化。在前一讲中我们已经指出，现代社会是以独立和平等的人为基础而结成的。但是，这并不意味着现代社会中的个人是完全自由的。卢梭有一句名言："人是生而自由的，但却无往不在枷锁之中。"这也就是说，在现代社会中，一方面，人们活动的自主性得到了承认和发展；但另一方面，社会作为一个总体系统，又表现为一种明显超出了个人掌控的整体力量。如果说在农业文明时代，人类社会更多受制于自然的必然规律，那么进入工业文明时代之后，人类社会更多受制于人们自己创造出的经济力量的支配。

那么，我们应该如何把握这种社会的基本结构？社会发展的基础和规律是什么？马克思创立了历史唯物主义的新世界观，对人类社会发展的一般规律做出了精辟的阐述。

马克思 1859 年出版的《政治经济学批判》第一分册第一版的扉页

我所得到的，并且一经得到就用于指导我的研究工作的总的结果，可以简要地表述如下：人们在自己生活的社会生产中发生一定的、必然的、不以他们的意志为转移的关系，即同他们的物质生产力的一定发展阶段相适合的生产关系。这些生产关系的总和构成社会的经济结构，即有法律的和政治的上层建筑竖立其上并有一定的社会意识形式与之相适应的现实基础。物质生活的生产方式制约着整个社会生活、政治生活和精神生活的过程。不是人们的意识决定人们的存在，相反，是人们的社会存在决定人们的意识。[1]

——马克思《〈政治经济学批判〉序言》

马克思的这段话包含了两个要点：第一，人们为了满足生活需要而进行的生产，形成了对人们而言"不以他们的意志为转移"的社会关系，这种社会关系的特定形态总是与生产力的特定发展状况相关。简言之，社会的基础是人们在生产中结成的经济关系。第二，社会的经济结构是社会法律、政治秩序和社会意识形式的基础，这就构建起了社会生活、政治生活和精神生活的整体结构。人们物质性的社会存在方式决定了他们的意识和观念。这就告诉我们，社会是一个具有特定结构的有机系统，其中基础性的层面是物质生产所结成的经济关系。我们在社会中结成的政治秩序、我们对社会生活的认知，都是以此为基础的。因此，想要了解社会运行的秘密，不能到人们的政治秩序中或者人们的意识中去寻找答案，而要到经济关系中去寻找答案。个人在物质生产中的自主性，是人在其他方面的自主性的现实前提。

同时，由于这种经济过程中的社会关系不是以个人的意志为转移的，个人在社会中也不是完全自主的。马克思、恩格斯在《德意志意识形态》中指出："社会活动的这种固定化，我们本身的产物聚合为一种统治我们、不受我们控制、使我们的愿望不能实现并使我们的打算落空的物质力量，这是迄今为止历史发展中的主要因素之一。"[2] 这就启示我们，社会活动不是个人活动的简单叠加。例如，在市场经济的社会中，市场中的劳动者、交换者的行为聚合而成的"看不见的手"调节着资源配置，这种力量不是受到个人控制的，但是这种力量推动人类历史不断发展。而在未来的共产主义社会，人们将在

1　《马克思恩格斯文集》第 2 卷，人民出版社，2009 年，第 591 页。

2　《马克思恩格斯文集》第 1 卷，人民出版社，2009 年，第 537 页。

更加发达的生产力基础上，实现对这种社会力量的掌握，这是马克思主义对社会发展规律的深刻理解。

马克思在 19 世纪 50 年代从事经济学研究的过程中，曾经从人的主体境遇的角度出发，将人类社会历史的发展分成三个阶段：第一个阶段，农业文明基础上的社会，人与人是直接相互依赖的，这一阶段还并不存在人的独立性；第二个阶段，工业文明和商品经济基础上的社会，人们借助商品和货币的力量，实现某种相对意义上的独立和自由，但是他们所生产出的物质财富和经济力量，并不完全能够被他们自己所掌控；第三个阶段，超越资本主义文明的未来社会，人们能够支配他们共同的生产能力和社会财富，从而实现真正意义上的自由。

> 人的依赖关系（起初完全是自然发生的），是最初的社会形式，在这种形式下，人的生产能力只是在狭小的范围内和孤立的地点上发展着。以物的依赖性为基础的人的独立性，是第二大形式，在这种形式下，才形成普遍的社会物质变换、全面的关系、多方面的需要以及全面的能力的体系。建立在个人全面发展和他们共同的、社会的生产能力成为从属于他们的社会财富这一基础上的自由个性，是第三个阶段。第二个阶段为第三个阶段创造条件。[1]
>
> ——马克思《政治经济学批判（1857—1858 年手稿）》

由此可见，历史唯物主义可以帮助我们科学理解人在社会中的自由与必然之间的关系。历史唯物主义认为，社会发展是具有客观规律的，人的行为受到历史条件和社会结构的制约，存在必然性。同时，历史唯物主义也强调人类的主体性和能动性，认为人类可以通过社会实践来改变社会现实，实现更大的自由。从宏观上看，一个时代的社会结构和生产力发展水平决定了

1　《马克思恩格斯文集》第 8 卷，人民出版社，2009 年，第 52 页。

社会的形态。从个体层面看，人们总是处在特定的历史条件下，受到经济、政治、文化等多重因素的制约，因此人们的活动要面对一定的必然性。然而，人类作为社会实践的主体，可以对社会现实加以改造和创造，以达到自身的目的。正是因为人的实践能动性，社会才能不断发展和进步。

自由是人们共同的追求，而基于历史唯物主义的观点，我们可以认识到人在社会中实现自由的历史路径。首先，我们需要深刻理解社会的矛盾和矛盾的规律性。社会矛盾是推动社会变革和发展的动力。通过对社会矛盾的深入分析，我们可以揭示社会制度和社会关系中存在的不合理和不平等，从而认识到实现自由的必要性。其次，我们需要通过社会变革来推动自由的实现。社会变革是历史唯物主义的核心概念之一。只有通过改变社会的生产方式、经济结构和社会关系，我们才可以打破束缚人的必然性的桎梏，为个体的自由发展创造条件。总之，只有通过深刻的社会分析和积极的社会实践，我们才能为个体的自由发展和社会的进步开辟更广阔的空间，实现人类的全面解放和自由。

三 行动的启示：如何处理个人与社会的关系？

现实中的个人不是荒岛上的鲁滨孙，我们只能在社会中生活，这就要求我们能够正确理解社会运行的基本方式，进而在生活实践中发展好自己，更好地处理个人与社会的关系。

第一，我们需要坚持历史唯物主义的基本观点，了解社会发展的基本规律，特别是要掌握现代社会发展的基本知识。关于自由和必然的关系，毛泽东曾说过："自由是对必然的认识和对客观世界的改造。"可见，对必然的认识程度，直接决定了我们改造世界的程度和自由的程度。面对社会生活中的各种复杂现象，我们除了要掌握唯物史观的基本方法，还要了解社会主义市场经济的基础知识、基本规律，这样才能理解现代社会结构的核心，进而对现代社会的上层建筑形成一种综合的、深度的理解，在对必然的认识中提升我们的自由程度。社会的发展是有规律可循的，而经济是社会发展的基础，作为年轻人，尤其需要通过学习经济学知识，了解市场经济的运行机制，深入分析问题的根源，从而形成对社会现象的辩证的、科学的判断。例如，面对一些高技术企业内部的"内卷"现象，我们可以通过经济学的角度来分析这种现象产生的原因，如竞争压力、资源分配不均等，然后再结合社会发展机制和心态的变化，以形成对这一现象的综合理解。

第二，我们需要练好自身的本领，能够在社会中有所作为，进而增强自己的自主性。人的独立性、自主性并非仅仅是抽象的观念，更多是通过在现实生活中的实践而得到体现的。首先，在经济活动中，我们需要具备实际的技能和能力，成为社会所需要的劳动者，从而在经济层面获得独立性和相应程度的自主性。同样地，在社会生活的其他方面，个人的自主性也需要通过积极进取的现实活动来培养和实践。只有通过在日常生活中的积极实践，我们才能促进个人的自由意志和自主选择能力的发展，从而在社会生活中具备更多的自主性。未来我们在走进社会、走上工作岗位之后，也要处理好自由与必然的关系，为推动社会发展做出自己的贡献。

在全面深化改革中，我们要处理好尊重客观规律和发挥主观能动性的关系。一方面，要坚持一切从实际出发，按照客观规律办事，一张蓝图抓到底，抓好打基础利长远的工作，不能拍脑袋、瞎指挥、乱决策，杜绝短期行为、拔苗助长。另一方面，要鼓励地方、基层、群众大胆探索、先行先试，及时总结经验，勇于推进理论和实践创新，不断深化对改革规律的认识。我们提出加强顶层设计和摸着石头过河相结合、整体推进和重点突破相促进，这是全面深化改革必须遵循的重要原则，也是历史唯物主义的要求。

——习近平《坚持历史唯物主义，不断开辟当代中国马克思主义发展新境界》

第三，我们需要正视现代社会对个人自主性的制约因素，推动生产力发展和生产方式的变革，促进更加理想的社会形态的到来。市场经济既有其进步性，也有其局限性，包括存在一些制约个人自主性的问题。为了实现个人的更大自主性，我们需要不断推动经济社会的发展，推动生产关系和更广泛领域的社会关系随着生产力的提高而变革。通过不断推动技术创新、资源优化利用、环境保护等方面的发展，我们能够让人类所创造的物质力量更加符合人类的实际需求，从而实现每个人在生产活动和社会活动中的更大自主性。通过改革创新，我们终将迈向更加理想的社会形态，到那时，人类才能将自己的社会活动所形成的物质力量最终变成自己所能够掌控的力量，实现每一个人的自由、全面发展。

拓 展 阅 读

1.《马克思恩格斯文集》第 1 卷，人民出版社，2009 年。

2. 小西奥多·希克、刘易斯·沃恩：《做哲学：88 个思想实验中的哲学导论》，柴伟佳、龚皓译，北京联合出版公司，2018 年。

3. 霍尔巴赫：《自然的体系》上卷，管士滨译，商务印书馆，1964 年。

思 考 探 究

1. 对于人在社会中的自主性问题，你更支持历史上哪一位哲学家的观点？说说你的理由。

2. 结合你知道的例子，谈谈个人如何才能通过把握经济社会发展的规律，实现个人成长和社会发展的相互促进。

第 **4** 讲
历史的视野

——如何才能观大势、成大事？

人类社会的发展是一个历史性的过程，不同时代的社会形态、社会面貌极为不同，这也直接影响人们的现实生活境遇和精神生活面貌。因此，想要理解社会生活，就必须具备一种过程性的视角、一种历史性的视野。哲学家们怎样理解"历史"？作为一种看待社会生活的视角的"历史"意味着什么？这是本讲所要探讨的话题。

一 问题的缘起：农业文明时代，人们如何看待历史？

中华民族是一个富有历史感的民族，我们的文化传统中有着很强的历史意识。中国从商、周开始，国家就设有专门的史官，负责保管和整理国家的历史档案。孔子整理的《春秋》是传世的最早史书。中国古人在对儿童的启蒙教育中也一贯重视历史意识，到南北朝、宋元以后的启蒙读物《千字文》《三字经》等中，历史知识更是成为最主要的内容。在科举考试的内容中，历史也都占有很大的比重，即使是策论一类，也需要考生具有很强的历史意识。可以说，在中国传统文化中，历史意识的高低被视为一个人文化修养甚至道德水平的体现。而对历史研究做出过杰出贡献的人，也会深受人们的尊敬——从孔子到司马迁，例子不胜枚举。

〔宋〕赵佶瘦金体《千字文》

天地玄黄，宇宙洪荒。日月盈昃，
辰宿列张。

寒来暑往，秋收冬藏。闰余成岁，律吕调阳。

云腾致雨，露结为霜。金生丽水，玉出昆冈。

剑号巨阙，珠称夜光。果珍李奈，菜重芥姜。

海咸河淡，鳞潜羽翔。龙师火帝，鸟官人皇。

始制文字，乃服衣裳。推位让国，有虞陶唐。

吊民伐罪，周发殷汤。坐朝问道，垂拱平章。

爱育黎首，臣伏戎羌。遐迩一体，率宾归王。[1]

——《千字文》节选

为什么中国传统文化中这么重视历史和历史意识呢？因为在中国古人看来，一个人通过了解历史，可以增加智慧，提高修养，甚至找到治理国家的正确道路，避免重蹈历史覆辙。《诗经》中就提及："殷鉴不远，在夏后之世。"这就是说，殷商的教训不必向远处去找，夏代的灭亡就应当作为殷商的鉴戒。以此警醒后人，要以史为鉴。贾谊在《过秦论》中也提出"前事之

---

1 李逸安译注：《三字经·百家姓·千字文·弟子规》，中华书局，2009年，第133—139页。

不忘，后事之师也"，"君子为国，观之上古，验之当世"。唐代魏征以隋亡的历史教训劝诫唐太宗的故事，也是家喻户晓。中国古代的哲学家不仅把历史作为当下社会的镜鉴，也把对未来美好社会的憧憬寄托于关于上古历史的描述中，这就是关于尧舜禹时期天下为公的大同社会的理想化叙述。简言之，在中国古代哲学的视野中，历史不仅仅是过去发生的事情，更是可以汲取智慧的宝库，也是未来美好社会的先声。

我们也应该看到，在农业文明时代，东西方哲学家普遍把历史看作一个循环往复的过程，将历史发展的规律同自然界运行的规律相类比。古希腊历史学家修昔底德认为，人类一切的历史事件都是人性的反映，而人性是不变的，因此历史事件总是重复发生。战国时期的阴阳五行家邹衍提出"五德终始"，形成了中国古代最典型的循环论历史观。而在历史发展的过程中，个人主体特别是王侯将相、英雄人物对历史的影响往往被放大了，对这种唯心主义历史观，我们需要批判性地加以看待。

二 哲学的解答：立足现代社会，如何增强历史的自觉？

随着人类生产力的发展和社会的不断进步，历史也展现出了更加丰富的内容，哲学家们对历史的思考也更加深刻和丰富。法国启蒙哲学家伏尔泰提出，人类的历史就是理性与迷信斗争的历史，体现了理性的觉醒。这一观点强调了人类在历史长河中逐渐认识和运用理性的重要性，也表明了现代社会在组织形式和运作原则方面的特殊历史特征。在他之后的法国思想家孔多塞进一步发展了这一思想。孔多塞认为，历史是不断进步的，而进步的动力来自理性的运用和科学的发展。他强调科学知识的积累和应用对社会进步的推动作用。

这个时刻将会到来，那时候太阳在大地之上将只照耀着自由的

人们，他们除了自己的理性而外就不承认有任何其他的主人；那时
候暴君和奴隶、教士及其愚蠢而虚伪的工具，除了在历史之中和舞
台之上而外就将不再存在；那时候除了惋惜他们的那些受难者和受
骗者而外，除了由于恐惧他们的为所欲为而使自己保持着一种有益
的警惕而外，人们就将不再关怀它们；并且在理性的压力之下人们
就学会了识别和扼止迷信和暴政的最初的萌芽，假如它们胆敢一旦
卷土重来的话。[1]

——孔多塞

德国历史学家赫尔德指出，历史现象是暂
时的和个别的，但是从历史哲学的视角看，这
些现象都有独特的价值，并不只是一个个简单
的片段。这一观点表明历史中的每个现象都承
载着特定的意义和作用，它们相互联系、相互
影响，共同构成了一幅更大的历史画卷。德国
古典哲学的集大成者黑格尔用唯心主义的辩证
法，系统阐述了人类历史的发展进程。他认为，
人类社会历史发展的根本动力是抽象的观念和
精神的演进。在黑格尔眼中，历史是进步的，
这种进步是通过不断的冲突和对立实现的，每

《历史哲学》书影

一轮的矛盾最终会达到一种新的合理状态。他将历史视为抽象的范畴的展开
和实现，每个时代都是对前一时代的矛盾与局限的超越和抽象范畴的自我发
展。黑格尔曾说："'理性'是世界的主宰，世界历史因此是一种合理的过程。"
可以说，黑格尔在唯心主义的思想范围内达到了历史哲学的一个高峰。

1　孔多塞：《人类精神进步史表纲要》，何兆武、何冰译，生活·读书·新知三联书店，1998年，
　　第182页。

由此不难发现，近代以来各国的哲学家都更加强调人类的主体性对于历史的重要作用，但上述哲学家都没有站在唯物主义的立场上正确地解释历史发展的动力和规律。在他们思想成果的基础上，马克思、恩格斯高度重视"历史"对于理解社会生活的重要性。他们说："我们仅仅知道一门唯一的科学，即历史科学。"这句话的意思是说，一切的科学（包括自然科学和社会科学）都不能脱离人的历史性的实践。在马克思主义产生之前，唯心史观一直占据统治地位。它或者用神灵的意志、"绝对精神"、绝对理性来说明人类社会的产生，或者把人的意志尤其是少数英雄的意志当作社会发展的决定力量。总之，唯心史观认为，社会本质上是人的意志、意识活动或心理活动的产物。而唯物史观"和唯心主义历史观不同，它不是在每个时代中寻找某种范畴，而是始终站在现实历史的基础上，不是从观念出发来解释实践，而是从物质实践出发来解释各种观念形态"。这样，唯物史观就揭示了社会存在的现实本质，揭开了历史之谜。

这种历史观就在于：从直接生活的物质生产出发阐述现实的生产过程，把同这种生产方式相联系的、它所产生的交往形式即各个不同阶段上的市民社会理解为整个历史的基础，从市民社会作为国家的活动描述市民社会，同时从市民社会出发阐明意识的所有各种不同的理论产物和形式，如宗教、哲学、道德等等，而且追溯它们产生的过程。这样做当然就能够完整地描述事物了（因而也能够描述事物的这些不同方面之间的相互作用）。这种历史观和唯心主义历史观不同，它不是在每个时代中寻找某种范畴，而是始终站在现实历史的基础上，不是从观念出发

《德意志意识形态》书影

来解释实践，而是从物质实践出发来解释各种观念形态……[1]

——马克思、恩格斯《德意志意识形态》

　　唯物主义历史观以物质实践为基础，关注社会经济的发展、生产力和生产关系的变迁，以及这些变迁对社会结构和意识形态的影响，从而超越了当下社会生活的表面现象，具有强烈的历史性自觉。这种充满历史性自觉的新世界观，深刻揭示了社会生活的辩证发展规律，对社会科学的发展产生了深远的影响。它突出了人的历史性实践对社会发展的作用，指引着我们从历史性角度理解当下的社会现象，为实现社会进步和解决社会问题提供了坚实基础。需要说明的是，我们这里所说的不仅是一种看待历史的方式，更是一种看待社会生活的历史性视角。换句话说，我们不仅要把"历史"作为我们学习和了解的对象，而且要把"历史"作为我们认识世界的一种方法。这是所谓"历史性自觉""历史性视角"的意思，这也是指导我们在现实社会生活中更好地实践的一种重要方法论。

　　在马克思之后，历史学家和哲学家也围绕历史哲学形成了许多新的成果，丰富和拓展了我们对于社会的历史性认知。例如，意大利哲学家、历史学家克罗齐提出，一般人们会认为哲学具有普遍性，因而比个别的历史事实更加富有真理性，但是这种区分是错误的，普遍和个别总是内在地联系在一起的，一切实在的都是历史的，因此哲学思考中形成的一切真理都有个别性、历史性的一面，一切哲学判断本质上都是一种个别的、历史的判断。他说："你想要理解新石器时代的利古里亚人或西西里人的真实历史吗？那你就试着（如果你能够的话）在你的心灵里变成一个新石器时代的利古里亚人或西西里人吧。如果你不能做到或者不肯做到这一点，那么你就使自己满足于描述和编排已经发现属于这些新石器时代的人的头盖骨、工具和绘画吧。"

1　《马克思恩格斯文集》第1卷，人民出版社，2009年，第544页。

这段话告诉我们，历史性的认知总是受到我们当下的主观性的限制，它并不意味着我们能够还原性地理解历史的原貌。

再如，英国历史学家阿诺德·约瑟夫·汤因比提出了一种文明史研究范式，至今仍有很大影响。他反对简单地从国别的角度来研究历史，认为历史研究的基本单位应该是比国家更大的文明。文明是具有一定时间和空间联系的某一群人，一个文明形态可以同时包括几个同样类型的国家。文明自身又包含政治、经济、文化三个方面，其中文化构成一个文明社会的精髓。汤因比通过概括希腊、中国和犹太等文明的主要特征，提出了他对文明演变规律的理解。他认为，一个文明形态犹如一个有机体，也会经历起源、成长、衰落和解体四个阶段。在旧文明中生成的新文明，会比旧文明有所进步。文明兴衰的基本原因是挑战和应战。一个文明形态如果能够成功地应对挑战，那么它就会诞生和成长起来；如果不能成功地应对挑战，那么它就会走向衰落和解体。

在马克思主义中国化时代化的发展过程中，中国共产党历来强调学习历史、研究历史，自觉用历史性的眼光来看问题。进入新时代，习近平总书记强调把中国文明历史研究引向深入，增强历史自觉、坚定文化自信。新时代十年伟大变革，中国人民的前进动力更加强大、奋斗精神更加昂扬、必胜信念更加坚定，焕发出更为强烈的历史自觉和主动精神，中国共产党和中国人民正信心百倍地推进中华民族从站起来、富起来到强起来的伟大飞跃。我们必须坚定历史自信、文化自信，坚持古为今用、推陈出新，把马克思主义思想精髓同中华优秀传统文化精华贯通起来、同人民群众日用而不觉的共同价值观念融通起来，不断赋予科学理论鲜明的中国特色，不断夯实马克思主义中国化时代化的历史基础和群众基础，让马克思主义在中国牢牢扎根。

三 行动的启示：面对社会生活，如何观大势、成大事？

掌握了唯物主义历史观的基本观点，对于我们具有怎样的启示意义呢？

第一，要坚持以历史的视野、历史的高度来看待社会生活中的现象。社会生活中的各类事件，从不同的高度、不同的维度来看，往往具有不同的意义。比如，当代青少年面临着一些学业上的压力，他们所面对的一些现象是过去所没有过的。但是，如果从更宏观的历史角度来看，改革开放以来，青少年群体学习、生活等方面的外部社会条件已经发生了显著的改善，与几十年前相比，今天的青年学生在升学、就业等方面有更多的选择、更好的支持。当然，这些方面还有不尽如人意的地方，但从发展的趋势上看，这些问题将随着社会的继续发展而得到解决。认识到这一点，我们就会更加客观、全面地看待自己在当下的处境，使自己具有更加开阔的视野、健康的心态。面对国际形势的风云变幻，习近平总书记指出："我们要把情况吃透、把问题找准，善于从细微的边际变化中洞察全球趋势性变化，善于从历史对比中进行战略性思考，坚持底线思维，既要保持战略定力，又要及时做好预警、预案、预控，努力保持战略主动。"这是中国能够从容应对百年未有之大变局的历史定力之所在。

第二，要善于从历史中汲取智慧、吸取教训，指导当下的社会实践。面对社会生活中的难题，历史往往可以给予我们重要的启示。中国传统文化向来强调以史为鉴，习近平总书记也指出："要了解我们党和国家事业的来龙去脉，汲取我们党和国家的历史经验，正确了解党和国家历史上的重大事件和重要人物。这对正确认识党情、国情十分必要，对开创未来也十分必要，因为历史是最好的教科书。""我们要加强对历史的学习，特别是对中国古代史、中国近现代史、中国共产党党史的学习，历史是一面镜子，从历史中得到启迪、得到定力。"例如，当前世界正在进入新的动荡变革期，我国的发展既有新的机遇，也面对新的挑战，不确定、难预料的因素正在增多。面对一些国家的打压、遏制，我们可以从历史中找到镜鉴，更好地理解我国所坚持的正确的发展道路和外交政策，以开放的胸怀、积极的态度，发展壮大自己的力量，促进世界的和平与发展，构建人类命运共同体。同时，培养大历史观，也有助于我们正确地理解相关的时政新闻和社会事件，坚定历史自信，把握历史主动，把个人的社会生活放在更加宏观的背景下来审视，增强自己的本领，也增强斗争精神、奋斗精神，在中华民族伟大复兴的进程中奉献自己的青春和力量。

第三，要深入真实的历史和现实情境之中，具体问题具体分析，避免经验主义或者教条主义的错误。历史唯物主义的基本观点并没有穷尽社会生活的复杂现实，我们不能将马克思主义的基本原理尤其是历史唯物主义的基本观点当作抽象的公式，将其随意套用在各种历史情境之中，如果这样的话，就不是真正的历史唯物主义，而是教条主义。事实上，马克思和恩格斯多次明确反对这样一种把社会历史抽象化的态度。"理论是灰色的，而生活之树常青。"

在思辨终止的地方，在现实生活面前，正是描述人们实践活动和实际发展过程的真正的实证科学开始的地方。关于意识的空话将终止，它们一定会被真正的知识所代替。对现实的描述会使独立的哲学失去生存环境，能够取而代之的充其量不过是从对人类历史发展的考察中抽象出来的最一般的结果的概括。这些抽象本身离开了现实的历史就没有任何价值。它们只能对整理历史资料提供某些方便，指出历史资料的各个层次的顺序。但是这些抽象与哲学不同，它们绝不提供可以适用于各个历史时代的药方或公式。[1]

——马克思、恩格斯《德意志意识形态》

1　《马克思恩格斯文集》第 1 卷，人民出版社，2009 年，第 526 页。

与此同时，也不能忽视正确的理论和方法的指导作用，简单地把历史经验套用到现实中新发生的事物上面，这就会犯经验主义的错误。毛泽东指出："有书本知识的人向实际方面发展，然后才可以不停止在书本上，才可以不犯教条主义的错误。有工作经验的人，要向理论方面学习，要认真读书，然后才可以使经验带上条理性、综合性，上升成为理论，然后才可以不把局部经验误认为即是普遍真理，才可不犯经验主义的错误。"[1] 邓小平指出："我们的革命导师马克思、列宁、毛泽东同志历来重视具体的历史条件，重视从研究历史和现状中找出规律性的东西来指导革命。"如果以错误的方式理解历史，用刻舟求剑的态度面对变化了的现实，同样是对现实的一种扭曲，那就不可能获得正确的认知，无法有效地指导实践。

第四，要增强历史自觉、坚定文化自信。一方面，我们要自觉加强对中国历史文化的学习、研究和认同。"学者研理于经，可以正天下之是非；征事于史，可以明古今之成败。"中华优秀传统文化是中华文明的智慧结晶和精华所在，是中华民族的根和魂，是我们在世界文化激荡中站稳脚跟的根基。只有传承和发扬中华优秀传统文化，推动中华优秀传统文化创造性转化、创新性发展，才能为民族复兴立根铸魂。另一方面，我们要立足中国大地，讲好中华文明故事，向世界展现可信、可爱、可敬的中国形象。要发挥青少年群体的才情和智慧，用新时代青少年的语言，讲清楚中国是什么样的文明和什么样的国家，讲清楚中国人的宇宙观、天下观、社会观、道德观，展现中华文明的悠久历史和人文底蕴，促使世界读懂中国，并为文明的发展和交流互鉴做出贡献。

1　《毛泽东选集》第 3 卷，人民出版社，1991 年，第 818—819 页。

拓 展 阅 读

1.《马克思恩格斯文集》第 1 卷，人民出版社，2009 年。

2. 孔多塞:《人类精神进步史表纲要》，何兆武、何冰译，生活·读书·新知三联书店，1998 年。

思 考 探 究

1. 传统文化中为什么会形成循环历史观？这种观点有哪些局限性和合理性？

2. 如何用历史唯物主义的方法论来分析当代数字化的发展趋势？谈谈你的理解。

第 **5** 讲
大同的理想

—— 如何推动理想社会的实现？

　　我们每天打开电视，荧屏上不时可见贫富差距、环境污染、国际争端、社会不公等问题。我们不禁会问：这个世界会好吗？人类社会发展是一个不断进步的过程，我们今天的社会或许面临一些问题，但这只是历史的一个阶段，随着生产力的发展，我们的社会一定会逐渐满足人类全面而自由发展的需求。古人和今人对美好世界的追求是一致的，中国儒家的"大同"社会与马克思主义的共产主义社会具有高度的契合性。"大同"，代表古人对理想社会的最高憧憬，表达了一种对人与人、人与社会、人与万物和谐共生的追求。"大同"的理想，历数千年，始终是历代先进中国人的美好愿景和不懈追求，占据中华传统思想的主流，具有重要的价值。

一　问题的缘起："大同"的理想是如何产生的？

　　"大同"理想的源头最早可以追溯到《诗经·魏风·硕鼠》篇中。"逝将

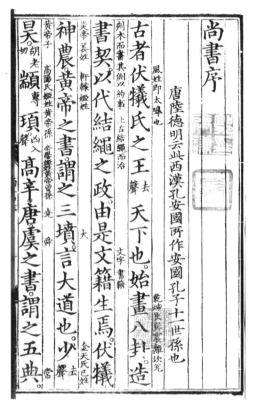

《尚书》书影，明刻本

去女，适彼乐土。……逝将去女，适彼乐国。……逝将去女，适彼乐郊。"这首诗描述的是农民面对繁重的赋税和劳作，憧憬着一种没有剥削、快乐劳作的生活，这里的"乐土""乐国""乐郊"就是人们期望中的"理想国"，是人类对美好家园、理想社会憧憬的起点。

"大同"一词最早就出现在《尚书》这部著作之中。该书《洪范》篇明确写道："稽疑：择建立卜筮人，乃命卜筮。曰雨，曰霁，曰蒙，曰驿，曰克，曰贞，曰悔，凡七。卜五，占用二，衍忒。立时人作卜筮，三人占，则从二人之言。汝则有大疑，谋及乃心，谋及卿士，谋及庶人，谋及卜筮。汝则从，龟从，筮从，卿士从，庶民从，是之谓大同。"这里的"大同"，是指在面临重大决策时，领导者的决断和占卜结果、百官想法、百姓意见一致，而要达成这样的局面，要求统治者贤明洞达、知人善任，民众和乐安详，社会和谐稳定，这为"大同"理想提供了重要的思想启迪。

《周易》一书的《乾卦·象传》篇中有这样一番阐述："大哉乾元，万物资始，乃统天。云行雨施，品物流形。……首出庶物，万国咸宁。"大意是，盛大的乾阳元气是万物的主宰，阴阳交合使得生命发展壮大，圣人万民拥戴君临天下，九州上下一派安宁。此外，《乾卦·象传》篇还提到"圣人感人心而天下和平"，阐述的是社会关系论。就社会而言，它的主体是人，其中也包括了最高统治者即"圣人"，上下左右的人们之间实现了"交感、感应、感通"，则整个社会即"天下"就会达至"和平"之境，表达了古人美好的政治理想。

🔴 哲学的解答：哲学家们如何理解"大同"理想？

《礼记·礼运》中有一段著名的论断：

> 大道之行也，天下为公。选贤与能，讲信修睦。故人不独亲其亲，不独子其子，使老有所终，壮有所用，幼有所长，矜寡孤独废疾者，皆有所养。男有分，女有归。货恶其弃于地也，不必藏于己；力恶其不出于身也，不必为己。是故谋闭而不兴，盗窃乱贼而不作，故外户而不闭，是谓大同。

在大道施行的时候，天下是人们所共有的，把品德高尚的人、能干的人选拔出来，讲求诚信，培养和睦。所以，人们不单奉养自己的父母，不单抚育自己的子女，要使老年人能终其天年，中年人能为社会效力，让年幼的孩子有可以健康成长的地方，让老而无妻的人、老而无夫的人、幼而无父的人、老而无子的人、残疾人都能得到社会的供养，男子有职务，女子有归宿。对于财货，人们憎恨把它扔在地上的行为，却不一定要自己私藏；人们都愿意为公众之事竭尽全力，而不一定为自己谋私利。因此，奸邪之谋不会发生，盗窃、造反和害人的事情不会发生。所以，大门都不用关上了，这叫作理想社会。

自《礼记·礼运》对"大同"理想做了较为全面系统的阐发之后，历代中华儿女始终向往"大同"、追求"大同"，不仅描绘了多个版本的"大同"

社会蓝图，而且致力于"大同"社会的实现。"大同"既是中华民族的社会理想，同时也是中华民族的价值理想，积淀着中华民族最深层的精神追求，代表着中华民族独特的精神标识，为中华民族生生不息、发展壮大提供了丰厚滋养。概而言之，历代"大同"理想的价值追求，主要集中于"贵和""尚公"等方面。

孙中山手书"天下为公"，中国国家博物馆藏

"大同"思想孕育着中华民族的"贵和"理念。"贵和"是处理人与自然关系的法则。"和乃天道"。自然有其自身的秩序，是和谐的整体。"天有其时，地有其财，人有其治"，人"不与天争职"（《荀子·天论》），"民吾同胞，物吾与也"（《正蒙·乾称》），讲的就是这个道理。我国古代哲人主张将人与万物一视同仁，视为一个和谐统一的整体，认为人与自然的和谐相处是人类各种关系和谐的基础。同时，"贵和"也是处理人际关系的法则。中国传统道德提倡"君子和而不同，小人同而不和"（《论语·子路》）。在孔子看来，人与人之间可以有矛盾，但能够在一定的道德原则和规范下达到统一与和谐。也就是说，"和而不同"的实质乃是强调矛盾的统一和均衡，强调通过对"度"的把握以获得人际关系的和谐。此外，"贵和"还是处理民族、国家关系的法则。中国人一直认为"和"是解决国与国之间冲突的原则，主张"协和万邦"。"协和万邦"的说法最早出现于《尚书·尧典》中，随着《尚书》被尊为儒家经典，其所主张的处理邦国、族群关系的准则也就逐步成为封建统治

者处理民族、国家关系的法则。"协和万邦"，表现了中华民族爱好和平的优良传统，是中国传统文化中"贵和"思想在民族、国家、文化层面上的重要体现，不仅彰显着古代先贤的政治理念、道德准则，也是一种民族文化、民族精神，促进了民族的融合和大一统国家的建立。

"大同"思想孕育着中华民族的"尚公"主张。《礼记·礼运》把"天下为公"作为"大同"社会的首要标志，并对"货恶其弃于地也，不必藏于己；力恶其不出于身也，不必为己"这种大公无私的思想和行为加以充分肯定，而对家天下时代那种"各亲其亲，各子其子，货力为己"的人际关系状况表达了无奈和不满，认为"谋用是作，而兵由此起"，即视之为诈谋和战争的根源。《太平经》基于"财物乃天地中和所有，以共养人也"的认知，对那些"积财亿万，不肯救穷周急"和把窃据的公共财物拿来放高利贷的人与事大加挞伐，表达了爱憎分明的立场和态度。

到了近代，"大同"理想中的"尚公"理念更为明显。康有为梦寐以求建立的"大同"社会乃是以"至公"为其根本特征，他解释说："公者，人人如一之谓，无贵贱之分，无贫富之等，无人种之殊，无男女之异。……惟人人皆公，人人皆平，故能与人大同也。"这显然是为"大同"社会打上了"公"的醒目标签。大同是相对于小康而言的，从小康与大同的比较可清楚地看到"大同"社会的内容。第一，"大同"社会以公有制为基础。"大同"社会所生产的财富和成果由社会全体所共有。第二，"大同"社会的人们对劳动有高度自觉性，按照生理特点和社会需要进行分工，各尽其责，各司其职。第三，"大同"社会通过民主制来选贤举能，推选出为全体公众服务的公仆。第四，"大同"社会中人与人之间团结友爱，和谐相处。"人不独亲其亲，不独子其子"，"壮有所用"，"老有所终"，老人和孩子可以得到社会的帮扶和供养，人们之间没有根本的利益冲突，博爱和睦与信任互助成为人与人之间的处事原则。

1924年，孙中山在《三民主义》讲演中明确说："我们三民主义的意思，就是民有、民治、民享。这个民有、民治、民享的意思，就是国家是人民所共有，政治是人民所共管，利益是人民所共享。照这样的说法，人民对于国家，不只是共产，一切事权都是要共的。这才是真正的民生主义，就是孔子所希望的'大同'世界。"共有、共治、共管、共享、共产、共权……在孙中山的解读和构建中，天下为公的"大同"社会，其核心就是"共"。毛泽东认为，资产阶级共和国让位给人民共和国，这就可能"经过人民共和国到达社会主义和共产主义，到达阶级的消灭和世界的大同"。而共产主义社会理想是一种人们共同占有社会资源、共同劳动、共同分享劳动成果的公有制形式，也强调"共"的价值。

近代以来，在国家蒙辱、人民蒙难、文明蒙尘之际，各种社会思潮涌入中国。在众多思潮长期的激荡和竞争中，马克思主义得到更广泛的传播，为众多探索救国道路的先进中国人所信奉，最终转化为巨大的现实力量。马克思曾这样畅想未来的理想社会：

> 在共产主义社会高级阶段，在迫使个人奴隶般地服从分工的情形已经消失，从而脑力劳动和体力劳动的对立也随之消失之后；在劳动已经不仅仅是谋生的手段，而且本身成了生活的第一需要之后；在随着个人的全面发展，他们的生产力也增长起来，而集体财富的一切源泉都充分涌流之后，——只有在那个时候，才能完全超出资产阶级权利的狭隘眼界，社会才能在自己的旗帜上写上：各尽所能，按需分配！ [1]

——马克思《哥达纲领批判》

马克思主义能够在中国生根发芽很重要的一个原因就是，马克思主义的

---

[1] 《马克思恩格斯文集》第 3 卷，人民出版社，2009 年，第 435—436 页。

共产主义理想与中国传统的"大同"理想存在共通之处：一是废除私有制，实行公有制；二是超越不劳而获和按劳分配，实行各尽所能、按需分配；三是反抗剥削压迫，实现平等自由；四是告别动荡纷争，实现高度和谐。正是这种相通和契合，让越来越多的中国人了解、亲近马克思主义，最终追随、信仰马克思主义。

⊜ 行动的启示：如何立足当代推动理想社会的实现？

"大同"的理想对于我们个人有什么启示呢？如何达到其核心思想的"和谐共生"？《中庸》给出了答案："唯天下至诚，为能尽其性。能尽其性，则能尽人之性。能尽人之性，则能尽物之性。能尽物之性，则可以赞天地之化育。可以赞天地之化育，则可以与天地参矣。"只有天下极其真诚的人能充分发挥他的本性；能充分发挥他的本性，就能充分发挥众人的本性；能充分发挥众人的本性，就能充分发挥万物的本性；能充分发挥万物的本性，就可以帮助天地培育生命；能帮助天地培育生命，就可以与天地并列为三了。我们唯有反求诸己、推己及人、"民胞物与"，才能达到与人、与自然、与社会的和合。

反求诸己。要求自我安身立命，强调自身的道德修养。儒家所谓凡事皆以修身为本，修身而后齐家，而后治国平天下。道德修养最浅的层次，自然是"穷则独善其身"；最高的层次，则是"达则兼济天下"。应充分发挥自身的主动性，知止思定，心静身安，在日常生活和为人处世中趋于至善，达到与自我的和谐统一。

推己及人。己欲立而立人，己欲达而达人。较之于个人的修身，这更强调人对社会的责任。承担责任的路径，就是孟子所谓的"老吾老以及人之老，幼吾幼以及人之幼"，由自己推演开去，尊重他人的生命与人格尊严。人不仅有生理需要和安全需要，还追求社会需要、尊重需要和自我实现。在日常

生活中要学会换位思考，设身处地为他人着想，尊重他人，平等待人，这是实现人与人之间和谐的必由之路。

"民胞物与。"强调人与其他生灵的和谐相处。这是一种更为开阔的思想境界。北宋大思想家张载说过，"乾称父，坤称母，予兹藐焉，乃混然中处。故天地之塞，吾其体；天地之帅，吾其性。民吾同胞，物吾与也"。在张载看来，因为人与万物的形体和性情都是由天地之气塑造而成的，所以天下的人都是我的同胞兄弟，天地间的人和物都是我的同伴朋友，我们对他人应像兄弟一样去对待，对万物也应像对人一样去关爱。这无疑是孔子"泛爱众而亲仁"思想在宇宙领域内的进一步发挥。立于宇宙之内，我们应当以更加包容开阔的眼界和胸怀去看待万物，怀着"无穷的远方，无数的人们，都和我有关"的理念，达到人与万物和谐与共。古人追求的"大同"之境，是一个和谐共生的理想社会，即关于人、自然、社会的和合。由自己开始，经由他人、社会、万物乃至终极的"天人合一"，形成一个充满生机、和谐统一的共同体。

在国家层面，"大同"社会作为理想社会的代名词，体现了中国人对人类社会未来发展的美好愿望和基本设计。天下意识是"大同"社会的世界观基础，忠恕之道是"大同"社会的方法论依据，天下为公是"大同"社会的价值目标。构建人类命运共同体的思想，是在"大同"社会基本理念的基础上，有针对性地对人类社会面临的问题，提出的有效解决途径和办法。人类命运共同体思想是对"大同"社会理想的继承和发展，既保留了"大同"社会的价值理想，又具有很强的现实性。它关注到国家利益和人类整体利益的统一，关注到文化价值的多元化与全人类价值目标一致性的关系，更好地实现了理想与现实的统一。

"大道之行也，天下为公"，公道正义是中华优秀传统文化的重要思想内容。这一思想是当前世界发展观的时代映照，是尊重各国主权，打造平等互利、合作共赢的国际社会发展格局，构建新型国际关系和人类命运共同体的思想指南。当前，全球经济、政治、文化都形成了联系紧密、共荣共损的一体化发展格局。冷战思维、"丛林法则"早已不适应现代国际关系，全球气候变暖、金融危机、地缘冲突等多重考验摆在了全人类面前。对此，需要摒弃旧有的零和博弈思维，坚持合作共赢的新思路，树立全球发展的整体性治理思维模式，才能有效解决全球性发展问题，推动世界和平发展进程。全人类是命运共同体，国家与个人的命运紧密相连，各国不能仅以实现本国利益为目标，只有团结协作才能应对各种风险挑战。习近平总书记多次在国际场合倡导，要想实现义利共赢，就必须做到义利兼顾。中国始终秉承"天下为公"的精神，并将其灵活应用于国际交往活动中。面对全球性问题与挑战，中国始终展现大国担当，树立负责任的大国形象。在推动世界发展方面，"一带一路"倡议的实施共建为世界经济的快速发展带来了全新机遇和动力。中国长期坚持合作共赢的发展原则，为世界各国的发展提供了"顺风车"。在国际交往方面，中国始终坚持维护世界和平的长期发展原则，反对使用武力解决国际争端，通过国际援助等途径积极推动世界和平发展。中国将"天下为公"的精神融入人类命运共同体的构建实践中，在推动经济发展、维护世界和平、促进文化交流、实现全球治理等多个方面为世界做出积极贡献，向世界充分展示了中国的大国情怀与责任担当。

中国是构建人类命运共同体的倡导者，也是积极的实践者。在提出构建人类命运共同体的同时，2013 年，中国提出"一带一路"倡议。共建"一带一路"是相关各国构建人类命运共同体的务实举措，处处体现为人类福祉干实事的精神。2016 年 8 月 17 日，习近平总书记在推进"一带一路"建设工作座谈会上强调，"一带一路"建设当"聚焦政策沟通、设施联通、贸易畅通、资金融通、民心相通，聚焦构建互利合作网络、新型合作模式、多元合作平台，聚焦携手打造绿色丝绸之路、健康丝绸之路、智力丝绸之路、和平丝绸之路"，造福沿线各国人民。2019 年 4 月 26 日，习近平总书记再次指出，"一带一路"倡议的目的是"聚焦互联互通，深化务实合作，携手应对人类面临

的各种风险挑战，实现互利共赢、共同发展"。务实合作的成果体现为"六廊六路多国多港"的互联互通架构基本形成，大批合作项目落地生根，大批基础设施建成，商品、资金、技术、人员、人才进一步流通。2019 年的第二届"一带一路"国际合作高峰论坛，各方又达成了 283 项务实成果，签署了总额高达 640 多亿美元的项目合作协议。

面对人类社会当下面临的问题，构建人类命运共同体要强调坚持对话协商、共建共享、合作共赢、交流互鉴、绿色低碳，建设一个持久和平、普遍安全、共同繁荣、开放包容、清洁美丽的世界，把世界建成一个和睦的大家庭，把世界各国人民对美好生活的向往变成现实。现实的、务实的、扎实的点滴努力，必将会推动人类命运共同体的真正实现。

 拓 展 阅 读

1. 叶绍钧选注：《礼记》，商务印书馆，2018 年。
2. 马克思、恩格斯：《共产党宣言》，人民出版社，2018 年。

思 考 探 究

1. 结合本讲引述的原文，你认为中国传统文化中"大同"社会的理想人格是怎样的？

2. 根据你自己的理解，谈一谈"大同"社会与共产主义社会的理想有什么异同。

第 **6** 讲

奉献的价值

——今天为什么需要奉献精神？

　　每当遇到重大自然灾害时，我们的人民解放军和应急救援队伍都会勇敢逆行，为保护人民生命和财产安全做出重大贡献。这些感动中国的逆行者，许多都是和高中学生年龄相仿的年轻人。他们甘于奉献的精神和勇气令人感佩。人的生命有限，如何将有限的生命过得有意义、有价值，是无数先贤圣哲都曾思索、追问过的人生课题。对于单个人而言，价值有无数样态——自由、幸福、奋斗等等，都可以成为人生价值探寻的方向。但在价值选择的命题之中，有这样一种答案，摆脱了个人视角的局限，使得人生的哲学格局更为广阔，那就是将奉献作为人生价值实现的方式。

● 一　问题的缘起：古代哲人如何看待奉献的价值？

　　没有人可以"遗世而独立"，每一个人的人生都是在特定的社会生活中度过的。因此，中国古代的哲学家在思考人生价值的问题时，从不同的角度将人生的价值与意义问题和人在社会生活中的作用与贡献联系在一起，普遍地推崇奉献的价值。

孔子创立的儒家思想认为，一个人应该以仁爱为核心，关注他人的利益，并为社会的和谐和共同福祉而奉献。孟子进一步发展了孔子的仁爱观，主张人性本善，提倡以仁义为中心的道德行为，并强调人们应该通过奉献和助人为乐来实现个人和社会的完善。对于这种出于善心的奉献精神，上篇的第4讲中曾经介绍过孟子所举的一个例子：如果有人突然看见一个孩子要掉进井里去了，必然会产生惊惧同情的心理，在这种情况下，他会去帮忙救助这个孩子，这不是因为他想要去和这孩子的父母拉关系，也不是因为他想在乡邻朋友中博取声誉，也不是因为他厌恶这孩子的哭叫声。他无私帮助这个孩子，只是因为他有"恻隐之心"，而这种人人皆有的"恻隐之心"正是仁爱的发端。孟子的这一论述启示我们，奉献本是出于人在社会生活中对他人受难的"不忍之心"，这种感受是一种人类的本能，由此而助人和奉献，也是人的一种社会性本能。

老子和庄子是道家哲学的重要代表。大家都知道，老子十分推崇"无为"的智慧——我们必须正确理解"无为"的内涵，它并不意味着毫无作为，而是强调个体应该追求与自然天道相合，放下个人私欲，无私地面对他人和社会，这样一来，人类社会中就会少许多无谓的竞争与对抗。人应该学习水的智慧，谦和而不与他人相争。庄子强调，个体应该追求自由和无为，超越善恶的对立。在他的思想中，奉献不仅是为他人服务，更是自我超越的一种境界，通过奉献，个体可以实现内心的平静与和谐。墨子提出了以兼爱为核心的哲学思想，他主张人们应该超越个人利益，平等地关爱他人，并通过实际行动为社会做出奉献。不难发现，这些哲学流派及其代表人物都以不同的方式强调了奉献的价值和重要性。他们认为奉献是道德行为、社会和个人成长的关键，通过为他人和社会做出贡献，个体可以实现真正的幸福和达到道德境界。

江海所以能为百谷王者，以其善下之，故能为百谷王。是以欲上民，必以言下之；欲先民，必以身后之。是以圣人处上而民不重，处前而民不害，是以天下乐推而不厌。以其不争，故天下莫能与之争。[1]

——老子

视人之国若视其国，视人之家若视其家，视人之身若视其身。是故诸侯相爱则不野战，家主相爱则不相篡，人与人相爱则不相贼，君臣相爱则惠忠，父子相爱则慈孝，兄弟相爱则和调。天下之人皆相爱，强不执弱，众不劫寡，富不侮贫，贵不敖贱，诈不欺愚。凡天下祸篡怨恨可使毋起者，以相爱生也，是以仁者誉之。[2]

——墨子

前面曾提到，苏格拉底非常推崇古希腊德尔斐神庙上镌刻的一句铭文："认识你自己。"苏格拉底认为，一个人认识自己的目的在于认识最高真理，达到灵魂上的至善。在此基础上，柏拉图曾提出拷问自我、探索自我的三重追问——我是谁？我从哪里来？我要到哪里去？人生要做什么、人生的目标是什么，这是每个人无可回避的生活之问、生命之问，也细化了人对自我的反思：人只有明确了自己要做什么，才能进一步认清自己是谁的问题。苏格拉底在他与他人的哲学提问和对话中，积极引导人们思考和认识个人的责任、社会的正义、奉献的美德，他自己也以身作则，为他的学生树立了榜样。柏拉图在《理想国》中不仅提出了一个理想的政治社会模型，而且也表明了他对于人生应该如何度过的态度。在他的理想模型中，公民应该以奉献为中心，将个人利益置于集体利益之下。柏拉图认为，只有通过奉献和无私

1　王弼注：《老子道德经注》，楼宇烈校释，中华书局，2011 年，第 175 页。

2　方勇译注：《墨子》，中华书局，2011 年，第 126 页。

的行为，才能实现一个和谐、公正的社会。在他们之后，亚里士多德也认为，一个人的幸福和目标只能通过参与公共事务和为集体福祉做出贡献来实现。他主张人们应该追求共同的最高目标，而不是仅仅关注个人利益。

当雅典在伯罗奔尼撒战争中陷入苦战时，伯里克利向动摇的公民慷慨陈词，强调奉献的意义："今天，我要强调的是，我们城邦的安危比个人的利益更重要。假如你个人拥有财富、幸福，而你的祖国却危在旦夕，那么你的幸福也不会持久……我们应该下定决心为我们的城邦牺牲奉献；而且决不能为个人利益而背叛我们的国家。现在，我们只有一条路可以走，那就是同心协力守住我们的土地。"

古罗马时期的哲学思想深受古希腊哲学的影响。斯多葛学派哲学家穆索尼乌斯认为，人们应该将个人欲望和物质追求置于道德责任和奉献之下。他主张个体应该为社会福祉做出贡献，并将道德价值置于一切之上。同为斯多葛学派的哲学家爱比克泰德也认为，个人的幸福与和谐只能通过奉献和为他人服务来实现。他鼓励个体主动承担责任，以积极的方式对待生活中的挑战和困境。他的思想对后来的哲学家和基督教教义产生了影响。在古希腊罗马文化的影响下，基督教发展了一套慈善和奉献的伦理观。基督教教义虽然有其迷信的、不正确的成分，但是也有积极的内容，包括强调爱和付出，教导信徒为他人和社会做出牺牲和奉献，以实现社会的公平、正义和仁爱。

由此可见，无论是中国古代哲学，还是西方哲学史，无数哲学家的思想和生动的案例都强调，个人应该超越自我的利益，为集体利益和社会福祉做出贡献。在哲学的视野中，奉献不仅是一种在社会层面有客观益处的行为，而且被认为是一个人实现自我成长、德性塑造的重要内容，通过奉献，个人可以实现更高的道德境界和更持久的幸福。在历史长河中，诸多杰出人物都将对他人、对集体、对信念的付出与奉献作为自己应对人生之问的答案。从微观上看，奉献提供了人们支撑人生的强大动力；从宏观上看，无数人对奉献的践行有力推动了人类进程的进步与发展。

二 哲学的解答：马克思主义如何诠释奉献的价值？

马克思基于历史唯物主义的科学世界观而明确提出，人的价值只能在社会中实现。只有在个人与社会的统一中奋力创造和实现人生的价值，才能获得幸福的人生。早在 17 岁时，马克思就曾在《青年在选择职业时的考虑》中真情流露："如果我们选择了最能为人类而工作的职业，那么，重担就不能把我们所压倒。"此时的马克思还没有创立自己原创性的新哲学，但是我们已经可以感受到，他对于人生价值的理解包含着强烈的济世情怀和高尚的奉献精神。

马克思中学毕业作文的手稿，荷兰阿姆斯特丹国际社会史研究所藏

历史把那些为共同目标工作因而自己变得高尚的人称为最伟大的人物；经验赞美那些为大多数人带来幸福的人是最幸福的人；宗教本身也教诲我们，人人敬仰的典范，就曾为人类而牺牲自己——有谁敢否定这类教诲呢？

如果我们选择了最能为人类而工作的职业，那么，重担就不能把我们压倒，因为这是为大家作出的牺牲；那时我们所享受的就不是可怜的、有限的、自私的乐趣，我们的幸福将属于千百万人，我们的事业将悄然无声地存在下去，但是它会永远发挥作用，而面对我们的骨灰，高尚的人们将洒下热泪。[1]

——马克思《青年在选择职业时的考虑》

---

[1] 《马克思恩格斯全集》第 1 卷，人民出版社，1995 年，第 459—460 页。

经过大学刻苦的学习、社会生活的磨砺和艰苦的理论探索之后，马克思在哲学立场上实现了新的突破，创立了历史唯物主义的新世界观，在政治立场上也实现了突破，转向了社会主义。这两个方面的突破也推动马克思进一步明确了奉献对于人生的重要意义，明确了人生奉献的具体内涵。

第一，从社会历史观层面来看，人类社会是在生产力和生产关系的相互作用基础上不断发展的历史过程。个人的生活和发展既是相互影响、相互促进的，也会受到社会条件的制约和影响。因此，个人应当通过参与社会劳动，奉献自己的能力，在彼此支撑和社会协作中，推动社会的健康运行和发展，为社会做出贡献。人类历史虽然经历了许多不同的时期，生产方式和社会形态发生了重大的改变，但是人们始终要靠劳动创造社会财富，满足社会需要，在此基础上形成人与人相互支持的共同生活。生产方式的变革伴随着社会分工的不断发展，而人们总是以各自生产的劳动产品来满足彼此的生活需要。在一个社会中，一个人的劳动产品满足了另一个人的需要，那么，这个劳动产品便成为生产者和使用者之间的中介，他们之间便存在着一种社会关系。这样，个人的劳动便超越了生产者的私人性质，成为一种具有社会性质的劳动。这也是现代市场经济的基础。由此可见，劳动能够创造满足社会需要的财富，也意味着劳动本身成为一种人与人相互支持的社会性活动。劳动既是人们满足自己生活需要的基础活动，也是一个人在社会中贡献自己力量的基本方式。就此而言，每一个劳动者其实都是社会生活中的一个奉献者。

也许有人要问：既然市场经济条件下，劳动本来就是一个奉献的过程，那是不是我们只需要鼓励大家努力赚钱，然后用市场化的方式来解决所有人的问题就可以，不需要传统社会那种不计经济利益的奉献了呢？答案是否定的。因为任何一个社会都不可能将所有的生活需要商品化、货币化，总有许多人的生活需要是要靠不计经济利益的方式才能得到满足的。这里不仅包括父母对孩子的照料、子女对老人的赡养，也包括老师对学生的培养、医生对患者的照护、社区中的相互关照、日常生活中对陌生弱者一时的艰难处境施以力所能及的援手等等。如果所有的付出都要用金钱来衡量，那么，不仅社会生活的很多基本方面会"变味"，社会生活也甚至可能无法正常运转下去。在一个和谐的现代社会中，我们既要鼓励大家辛勤劳动，在创造自己幸福生活的同时为社会进步奠定物质基础，也要倡导大家热心公益、积极奉献，将市场经济体系内的贡献和不能被市场化的社会责任、奉献精神很好地结合起来。在资本要素仍然发挥重要作用的社会环境中，个人有时会面临难以靠自己力量解决的困难，甚至会遇到不公正的处境。在这种情况下，通过积极地帮助他人，个人也可以为实现社会平等和正义贡献自己的力量。

第二，从社会主义的层面来看，马克思主义追求建立一个没有压迫、没有剥削的社会主义社会，其中个人的自由和全面发展得到实现。在这样的社会中，个人有更多机会发挥自己的才能和创造力。而想要达成这样的社会，奉献也被视为必要条件和必然结果。在生产力得到进一步发展、生产关系得到进一步改善的前提下，个人不再为了自己的私人利益而竞争，而是为整个社会的利益而奉献，那时，个人的价值和满足将来自为他人和社会做出贡献，社会的共同富裕和人的全面发展才会实现。综上所述，从马克思主义哲学的视角来看，人生的价值在于奉献，因为个人的生活与发展和社会的历史进步与社会主义的价值理想密切相关。通过奉献，个人可以为社会进步、平等和自由做出贡献，实现自身的全面发展和社会的共同富裕。

当然，除了马克思主义哲学的思想资源之外，许多重要的哲学家也对我们如何通过奉献来实现人生价值做出过具有启发性的论述。例如，康德强调通过理性思考和知识的应用来指导行动，同时，他的义务论道德观启示我们，奉献是人作为理性存在者的一种道德义务和责任，我们有责任为社会和他人做出积极的贡献。约翰·斯图亚特·密尔认为，我们的行动应该追求最大化幸福和最小化痛苦的原则，而这一原则需要建立在事实和科学知识的基础上。在实践奉献时，我们应该深入了解社会和环境的实际情况，运用科学方法来评估和预测我们的行动所带来的影响。总的来看，往小了说，个人本

身的价值得以充实；往大了说，人类的文明也因为奉献而得以延续。

一方面，奉献能够充实和拓宽个体自己的人生价值。《钢铁是怎样炼成的》中有一段脍炙人口的名言："人最宝贵的是生命，生命每人只有一次，人的一生应当这样度过：当他回忆往事的时候，他不会因为虚度年华而悔恨；也不会因为碌碌无为而羞愧，当他临死的时候，他能够说：我的整个生命和全部精力，都献给了世界上最壮丽的事业——为人类的解放而斗争。"人是社会性动物，一生都与社会紧密联系在一起，故而人的价值实现必将投注于社会，才可能真正找寻到意义。雷锋曾在日记中写道："我觉得要使自己活着，就是为了使别人生活得更美好。"可见，奉献能够使得人真正将自我与社会进行统一，让人生的价值得以拓宽，不被限缩。

另一方面，奉献使得人类文明得以延续。在漫漫历史长河中，动荡与纷争并非偶然事件。如果我们细数战乱与灾厄，会发现艰难与困苦是历史的常态。而人类是如何能够走出一次又一次变故，抗击灾厄摆脱困难的？这就要依靠人类为群体而做出的无私奉献。为了拯救在战争前线死伤的士兵，南丁格尔不顾艰难险阻，终生奋斗在医疗一线，将无数人从死神手中救出；为了不暴露潜伏部队，邱少云在烈火中咬紧牙关，以惊人的毅力忍受着剧痛，一声不吭、一动不动，直至壮烈牺牲，年仅 26 岁；为了拯救千万民众免受辐射伤害，苏联敢死队奔赴切尔诺贝利事故现场，在面对他人的劝阻时，他们只留下一句："我们不上，难道让人民上吗？"不分种族，跨越国界，正是这些无私奉献的英雄，使得历史免于断裂，文明不断壮大。

三 行动的启示：如何切实地奉献他人、贡献社会？

在了解了奉献的意义之后，接下来要面对的问题是：我们如何才能更好地践行奉献，为社会倾注我们的力量呢？甚至，也许有人会问，在我们今天这样一个市场经济社会，人们的需要都可以用市场化的方式来满足，还需要奉献吗？

我们先来看一个故事。1965 年 7 月，装甲兵某部工兵一连班长王杰，在组织民兵训练时突遇炸药意外爆炸。危急关头，王杰奋不顾身扑向炸药包，掩护了在场 12 名民兵和人武干部的安全，他的生命定格在了永远的 23 岁。入伍之后，王杰在执行训练、施工和抗洪救灾等各项任务中，一不怕苦、二不怕死，被大家称为"闲不住的人""不知疲倦的人"。正如他在日记中所写的那样："什么是理想？革命到底就是理想。什么是前途？革命事业就是前途。什么是幸福？为人民服务就是幸福。"王杰用舍生忘死的胆魄和舍己救人的壮举，践行了铮铮誓言。每个时代的岁月静好都是无数人默默的奉献乃至牺牲换来的，即使到今天，王杰精神的力量仍然感召着无数中国年轻人前仆后继。党的十八大以来，从边疆哨所到科研院所，从抢险救灾到奋战疫情，涌现出一大批敢于斗争、敢于胜利，一不怕苦、二不怕死的英雄模范人物。联合国维和任务中用生命捍卫忠诚与和平的申亮亮、李磊、杨树朋，边境扫雷行动中向身旁战友喊出"你退后，让我来"的杜富国，为捍卫祖国领土主权血战到底的祁发宝、陈红军、陈祥榕、肖思远、王焯冉……新时代革命军人大力弘扬王杰精神，用生命践行使命，以赤胆忠诚和满腔热血诠释了大无畏的英雄气概，赢得了党的信任、人民赞誉，也赢得了世界尊重。面对他们的动人事迹，我们更加能够体会奉献的价值、奉献的意义。

在我们的日常生活中，奉献也许不必轰轰烈烈，但同样必不可少，贵在积极地实践。

首先，在确立和践行一个目标之前，我们应当思索这个目标对于社会和他人的影响。我们应该用心观察世界，了解什么样的奉献才是社会和他人所需。社会的需要多元丰富，我们应该增长自己的见识，努力倾听时代的声音，了解时代真正的需求，结合个人的专长和能力，让自身的力量投注在时代最为需要的地方。与此同时，我们可以运用和借鉴哲学思想史中的丰富资源，加深对于相关问题的理解。在确定奉献的目标时，我们应考虑如何最大限度

地提升社会的整体福祉和幸福感。伦理学强调个人行为的道德性和价值，因此，我们需要思考奉献行为是否符合道德原则，如公正、善良和无私。这样，我们才能明确奉献目标和基本原则，通过实现个人价值和社会价值的契合，在奉献社会中真正发挥出自己的作用。

其次，我们应当努力提高自身的哲学素养和专业知识素养，掌握奉献社会的科学方法和过硬本领。只有在具备了正确的知识和方法之后，我们的行动才能真正产生积极的社会影响。在奉献社会时，我们应该通过广泛学习和了解，培养批判性思维和科学精神，以便能够做出明智的选择和决策。以"放生"为例，许多人仅仅怀揣一颗简单的善良之心，并未对周遭的生态环境和试图放生的物种足够了解，结果，所谓的"放生"之举反而使得当地的生态环境遭受破坏，更多的生物因此死去，这种"奉献"不但并未实现社会价值，反而适得其反。可见，无论用何种方式实现对于社会的奉献，我们都不应忘记科学、忘记知识的重要性。在行动之前，要尽量汲取知识与经验，选择适当、正确的方法，才能够更好地为社会做出贡献。

最后，奉献不只是一种观念，归根结底是一种实践的力量，要落实到身体力行上去。无论是中国古代哲学还是马克思主义哲学，都强调通过实践来塑造和改变世界。在中国特色社会主义新时代，我们要从马克思主义的立场和社会发展的高度理解奉献的价值，从自我成长、社会进步的角度理解奉献的内涵，在刻苦学习、奋发进取的同时，增强自己的奉献能力和奉献意识，为社会发展贡献更大力量，在社会进步中实现个人的人生价值。

新时代的广大共青团员，要做理想远大、信念坚定的模范，带头学习马克思主义理论，树立共产主义远大理想和中国特色社会主义共同理想，自觉践行社会主义核心价值观，大力弘扬爱国主义精神；要做刻苦学习、锐意创新的模范，带头立足岗位、苦练本领、创先争优，努力成为行业骨干、青年先锋；要做敢于斗争、善于斗争的模范，带头迎难而上、攻坚克难，做到不信邪、不怕鬼、骨头硬；要做艰苦奋斗、无私奉献的模范，带头站稳人民立场，脚踏实地、求真务实，吃苦在前、享受在后，甘于做一颗永不生锈的螺丝钉；要做崇德向善、严守纪律的模范，带头明大德、守公德、严私德，严格遵纪守法，严格履行团员义务。

——习近平《在庆祝中国共产主义青年团成立 100 周年大会上的讲话》

从观念上讲，许多人都认同奉献应当成为人生的价值所在，但在现实中，我们往往会因为迟疑或者利益的羁绊而并未付诸行动。其实，奉献可以从生活中的小事做起：在公交车上让个座，在校园里帮老师、同学提个重物，在公共场所捡起地上的纸屑……有句话说，种一棵树，最好的时间是十年前，其次是现在。奉献也是如此。让我们从现在做起，从身边的事情做起，让生活因为我们自己而变得更加美好。

拓展阅读

1. 杨伯峻译注：《孟子译注》，中华书局，2010 年。
2. 《马克思恩格斯文集》第 1 卷，人民出版社，2009 年。

思考探究

1. 在当代社会，我们应该如何挖掘和传承中华优秀传统文化中关于奉献的思想？

2. 结合马克思中学作文中的相关段落，谈谈未来你将如何进行职业选择。

人生的目标

——如何立志？应该立怎样的志？

从小至今我们一直被问到一个问题：你的理想是什么？相信同学们心中早已有了答案。哲学家王阳明认为："盖终身问学之功，只是立得志而已。"他的《教条示龙场诸生》要求弟子在学习修身中坚持立志、勤学、改过、责善。他说："志不立，天下无可成之事。……故立志而圣，则圣矣；立志而贤，则贤矣，志不立如无舵之舟，无衔之马，漂荡奔逸，终亦何所底乎？"志向不树立，天下就没有可以做成功的事情，即使是各行各业的技能手艺，没有一项不是以志向为出发点的。所以，立志成为圣人，就可以成为圣人；立志成为贤人，就可以成为贤人。志向不树立，就像没有方向的船，就像没有笼头的马，终究达不到目标。人只有立定大志，将个人理想与家国情怀结合起来，才能拓展人生境界，实现不一样的自我。中国哲学家冯友兰先生说过，人生有四种境界：自然境界、功利境界、道德境界、天地境界。伟大的人物、伟大的梦想，孔子、孟子的目标是世界大同，马克思、恩格斯的目标是解放全人类，都给了我们深刻的启示。

一 问题的缘起：如何从历史和现实层面理解"立志"？

人生观是指人们对人生的根本态度和看法，包括对人生价值、人生目的和人生意义的基本看法和态度。它是世界观的重要组成部分。人生观主要回答人为什么活着，人生的意义、价值、目的、理想、信念、追求等问题。人生的目的分为个人的目的（即小我）和人类的目的（即大我）。我们要善于将小我和大我结合起来。人生目的决定人生道路。人生目的决定了人生活动的大方向，对人们所从事的具体活动起着定向的作用。人生目的决定人生态度。不同的人生目的会使人采取不同的人生态度。关于人生目的，马克思主义人生观倡导为人民服务的人生目的。因此，有时把马克思主义的人生观简称为"为人民服务的人生观"。马克思主义基本原理与中华优秀传统文化相结合是习近平总书记在"第一个结合"基础上提出的重大理论创新。马克思主义理论与中华优秀传统文化有着相同的价值追求，其目的都指向为最广大人民的福祉。

人生目标的价值就是指人的生命及其实践活动对于社会和个人所具有的作用和意义。要比较客观、公正、准确地评价社会成员的人生目标，除了要掌握科学的标准外，还需要掌握恰当的评价方法，做到以下四个坚持：坚持能力大小与贡献须尽力相统一、坚持物质贡献与精神贡献相统一、坚持完善自身与贡献社会相统一、坚持动机和效果相统一。对于中国人来说，最伟大的人生目标就是"三立"，《左传·襄公二十四年》中有言：

> 太上有立德，其次有立功，其次有立言，虽久不废，此之谓不朽。

人生要有三个志向，最上等的是树立德行，其次是建立功业，再次是创立学说，虽然逝去但业绩长存，这就叫作不朽。孔颖达解释说："立德，谓创制垂法，博施济众；立功，谓拯厄除难，功济于时；立言，谓言得其要，理足可传。"在后人对"三立"的解读中，我们发现"立德"系指道德操守而言，

"立功"乃指事功业绩,而"立言"指的是把真知灼见形诸语言文字,著书立说,传于后世。当然,无论是"立德""立功"还是"立言",其实都旨在追求某种"身后之名""不朽之名"。而对身后不朽之名的追求,正是古圣先贤超越个体生命而追求永生不朽、超越物质欲求而追求精神满足的独特形式。我们要将个人目标和社会目标结合起来,以个人的全面发展促进社会的全面进步。马克思主义理论认为,人的全面发展最根本是指人的劳动能力的全面发展,即人的智力和体力的充分、统一的发展。同时,也包括人的才能、志趣和道德品质的多方面发展。《中共中央关于制定国民经济和社会发展第十四个五年规划和二〇三五年远景目标的建议》提出,坚持把实现好、维护好、发展好最广大人民根本利益作为发展的出发点和落脚点,尽力而为、量力而行,健全基本公共服务体系,完善共建共治共享的社会治理制度,扎实推动共同富裕,不断增强人民群众获得感、幸福感、安全感,促进人的全面发展和社会全面进步。人民对美好生活的向往,就是我们党的奋斗目标。在现代化征程上,我们党始终把推动人的全面发展作为自己的奋斗目标。新中国成立之初,中国人民第一次获得了独立的政治权利、应有的人格尊严和基本的生存权利,人的全面发展有了基本条件。改革开放以来,中国人民迎来了从温饱不足到小康富裕的伟大飞跃。不断解放和发展的社会生产力,也为人的全面发展创造了有利条件。党的十八大以来,以习近平同志为核心的党中央始终坚持"人民对美好生活的向往就是我们的奋斗目标",把以人民为中心的根本价值取向贯穿于治国理政实践之中。近年来,我们党在民生领域提出并实施了一系列新理念、新思想、新战略,在幼有所育、学有所教、劳有所得、病有所医、老有所养、住有所居、弱有所扶上取得一系列历史性进展,推动改革发展成果更多更公平惠及全体人民,为开启全面建设社会主义现代化国家新征程奠定了坚实基础。

完美的人生目标需要将个人修养和奉献社会完美结合起来。我们在处理个人理想问题的同时,要解决好个人理想、共同理想、远大理想之间的关系，将个人理想融入共同理想、远大理想。《礼记·礼运》描绘了中国人理想中的"大同"社会："大道之行也，天下为公，选贤与能，讲信修睦。"中华优秀传统文化与共产主义的理想异曲同工，都是为了人的全面而自由的发展。在马克思的描述里，共产主义社会是一个"全社会消灭了阶级"、"人人平等"、"自由劳动"、"按需分配"、人自由而全面发展的社会。中国共产党人只有坚信共产主义远大理想，才能从根本上保证发展以人民为中心，为人民大众谋利益，促进人的全面发展和社会的全面进步。

② 哲学的解答：古今中外的哲人如何理解"立志"？

在历史上，先哲们将人生目标与天理良知、国计民生结合起来。子路问君子。子曰："修己以敬。"曰："如斯而已乎？"曰："修己以安人。"曰："如斯而已乎？"曰："修己以安百姓。修己以安百姓，尧舜其犹病诸！"子路问怎样做才是君子。孔子说："修养自己以做到恭敬认真。"子路说："像这样就可以了吗？"孔子说："修养自己并且使别人安乐。"子路又问："像这样就可以了吗？"孔子说："修养自己并且使百姓安乐。修养自己，使百姓都安乐，尧、舜大概都担心很难完全做到吧！"孔子告诉子路，伟大的人生目标就是要实现"修己以安百姓"乃至"修己以安天下"。

中国古代文人以家国天下为志向，张载为知识分子提出了"为天地立心，为生民立命，为往圣继绝学，为万世开太平"的责任，被称为"横渠四句"。意思是，读书人通晓万物造化之理，使天道彰显；从物质上丰衣足食，精神上伦理政教，使百姓安身立命；替历代

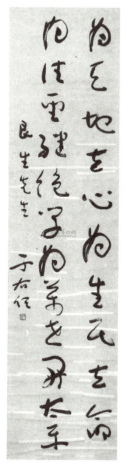

于右任书"横渠四句"

圣贤延续行将绝传的不朽学说；给千秋万代开创永久太平的伟大基业。他说："乾称父，坤称母；予兹藐焉，乃混然中处。故天地之塞，吾其体；天地之帅，吾其性。民吾同胞，物吾与也。"《易经》的乾卦，表示天道创造的奥秘，称作万物之父；坤卦表示万物生成的物质性原则与结构性原则，称作万物之母。我如此藐小，却混有天地之道于一身，而处于天地之间。这样看来，充塞于天地之间的（坤地之气），就是我的形色之体；而引领统帅天地万物以成其变化的，就是我的天然本性。人民百姓是我同胞的兄弟姊妹，而万物皆与我为同类。张载认为人民是我的同胞，万物是我的同类，所以要以天下苍生为己任，将个人的生命奉献到爱国爱民上去，这样一个人的人生才是没有遗憾的。最后张载指出："富贵福泽，将厚吾之生也；贫贱忧戚，庸玉汝于成也。存，吾顺事；没，吾宁也。"富贵福禄的恩泽，是乾坤父母所赐，用以丰厚我的生活；贫贱忧戚，是用来帮助你成就一番事业的。活着的时候，我顺从（乾坤父母所要求的）事理；死的时候，心安理得，我安宁而逝。

伟大的目标有伟大的快乐，孟子曰："君子有三乐，而王天下者不与存焉。父母俱存，兄弟无故，一乐也；仰不愧于天，俯不怍于人，二乐也；得天下英才而教育之，三乐也。君子有三乐，而王天下者不与存焉。"孟子说："君子有三件快乐的事，（可是）称王天下不在其中。父母都健在，兄弟没有病患、怨恨，这是第一件快乐的事情；仰头对天不觉得内疚，低头对人不觉得惭愧，这是第二件快乐的事；得到天下优秀的人才并教育他们，这是第三件快乐的事。君子有三件快乐的事，而称王天下不在其中。"其中的快乐都是纯粹的快乐，与功名利禄没有关系。

🔶 行动的启示：新时代青少年应该如何"立志"？

王阳明 11 岁在京师读书，曾问私塾老师："何为第一等事？"私塾老师说："惟读书登第耳。"王阳明却并不认同，认为"登第恐未为第一等事，或读书学圣贤耳"。王阳明对学生说："学本于立志"，"故立志而圣则圣矣，立志而贤则贤矣"。如何处理读书学圣贤与科举考试的矛盾，王阳明认为，只要悟到了良知，读书与科举并不相妨，读书时心也不会为科考所累，"只要良知真切，虽做举业，不为心累"，"志于道德者，功名不足累其心"。王阳明落第后，别人都纷纷为他可惜，他却笑道："世以不得第为耻，吾以不得第动心为耻。"

毛泽东《七绝·改西乡隆盛诗赠父亲》直抒胸臆："孩儿立志出乡关，学不成名誓不还。埋骨何须桑梓地，人生无处不青山。"这首诗是少年毛泽东走出乡关、奔向外面世界的宣言书，表明了他胸怀天下、志在四方的远大抱负。邓小平 16 岁远赴法国勤工俭学，随后加入中国共产党思考中华民族的未来；周恩来 22 岁领导天津学生爱国运动被捕，在狱中宣讲马克思主义，随后赴法国加入中国共产党；陈毅 18 岁赴法国，20 岁因参加中国留法学生的爱国运动被武装押送回国；南昌起义参加者平均年龄 25 岁……这些杰出的革命家们在青年时期便确立了高远的志向与使命，是他们抛头颅、洒热血的爱国热忱与革命信念，才换来了我们如今的山河无恙、国富民强。

人民群众是社会历史的主体，是历史的创造者，这是马克思主义最基本的观点之一。中国共产党带领人民打江山、守江山，守的就是人民的心。中国共产党的根基在人民、血脉在人民、力量在人民。在革命、建设、改革的每一个关键阶段、每一次重大关头，我们党都始终紧紧依靠人民战胜困难、赢得胜利。这些成就的取得，归根结底就在于我们党始终把人民放在心中最高位置，始终牢记"我是谁、为了谁、依靠谁"，始终把人民幸福镌刻在通向民族伟大复兴的里程碑上。当代青少年要积极投身新时代中国特色社会主义伟大事业，勇做担当中华民族伟大复兴大任的时代新人。我们的国家正在走向繁荣富强，我们的民族正在走向伟大复兴，我们的人民正在走向更加幸福美好的生活。展望未来，当代学子肩负历史重任，必将大有可为，也必将大有作为。习近平总书记要求我们"要以实现中华民族伟大复兴为己任，增强做中国人的志气、骨气、底气，不负时代，不负韶华，不负党和人民的殷切期望"，积极投身新时代中国特色社会主义伟大事业，投身党和人民在中国特色社会主义新时代的伟大奋斗。要以勇于担当的精神，做走在新时代前列的奋进者、开拓者、奉献者，以执着的信念、优良的品德、丰富的知识、过硬的本领，同人民群众一道，担负起历史赋予的重任，在实现中华民族伟大复兴中国梦的生动实践中放飞青春梦想。

也许有人会问：新时代的中国和平发展，岁月静好中的我们过好自己的小日子就好了，哪有什么条件和必要去树立那么高远的志向呢？这里我们不妨举一个例子。这些年来，我国航天事业不断取得新成就，对于我们的航天员又一次飞上太空的新闻大家似乎已经习以为常。但是，很多人并没有意识到：载人航天是用生命去探险，用躯体去铺路的神圣事业。据统计，目前世界上共有 540 多名航天员，其中 27 人在执行任务或训练时罹难。2003 年 2 月 1 日，正值中国航天员大队选拔首飞梯队的关键时刻，美国"哥伦比亚号"航天飞机在重返地面过程中突然解体，7 名宇航员全部罹难，但是第二天，中国航天员大队党支部收到了全部参训的 14 名备选宇航员递交的请战书。在"感动中国"颁奖晚会上，主持人曾直率地问三次出征太空的景海鹏，你们在执行载人航天飞行任务时有没有想过有可能回不来？景海鹏回答："对于我们航天员来说，使命重于生命，即使我们回不来，也要让五星红旗在太空高高飘扬！"正是由于在航天人心中，祖国的分量最重，人民的利益最大，中国的载人航天之路才能一次次铸就辉煌、创造奇迹。自 2016 年起，4 月 24 日被设为"中国航天日"，以此纪念中国航天事业取得的荣耀与成就。承载着中华民族的飞天梦，中国共产党做出实施"两弹一星"工程和载人航天工程的伟大决策。凭借几代航天人一张蓝图干到底的韧劲，我国航天事业实现了历史性跨越。当首次载人飞行的飞船返回地面时，宣告中国航天人仅用十一年的时间就跨越了发达国家半个世纪的发展历程，把只有极少数大国才有能力研究建造的载人航天系统奇迹般地变成了现实。

我国是世界上第五个独立研制和发射卫星，第三个把人类送上太空的国

家，中国航天员先后 11 人、14 次征战太空，绕地球飞行 1000 多圈，行程达
4600 余万公里。几代航天人奋斗拼搏凝聚而成的载人航天精神，不仅是托起
飞天梦的精神之翼，更是全体中国人民的宝贵民族精神财富。习近平总书记
深刻指出："载人航天事业的成就，充分展示了伟大的中国道路、中国精神、

中国的载人航天工程

中国力量，坚定了全国各族人民实现中华民族伟大复兴的中国梦的决心和信心。"中国梦与航天梦相互激荡，凝聚中国各民族大团结的力量，不断开创中华民族伟大复兴的新局面。为载人航天事业而奋斗的中国航天人，正是新时代立志高远、奋斗报国的典范。

青少年志存高远，就能激发奋进潜力，青春岁月就不会像无舵之舟漂泊不定。正所谓"立志而圣则圣矣，立志而贤则贤矣"。人生目标会有不同，职业选择也会有差异，只有把自己的小我融入祖国的大我、人民的大我之中，与时代同步伐、与人民共命运，才能更好实现人生价值、升华人生境界。我们要肩负历史使命，坚定前进信心，立大志、明大德、成大才、担大任，努力成为堪当民族复兴重任的时代新人。为中国人民谋幸福，为中华民族谋复兴，是中国共产党人的初心和使命，是激励一代代中国共产党人前赴后继、英勇奋斗的根本动力。新时代学子也要主动将个人的人生目标与国家民族的未来、人民群众的福祉联系起来，在更伟大的意义上实现自己的人生价值。

拓 展 阅 读

1. 张载：《张子正蒙》，上海古籍出版社，2000 年。
2. 王阳明：《传习录》，上海古籍出版社，2021 年。

思 考 探 究

1. 举一个历史名人的例子，谈谈如何处理个人理想和共同理想之间的关系。

2. 结合本讲的内容，谈谈如何在青少年时期为人生目标奠定良好基础。

第 **8** 讲

信仰的力量

——如何为人生构筑精神的大厦？

　　哲学是一种理性的反思，而在反思之后，得到确认的真理往往会上升为一个人的信仰，凝聚为对未来社会的理想信念。从思想史上看，一种深刻的哲学思想往往会成为很多人终生信奉的真理，从而和人的精神生活发生更为复杂的关系。在今天，我们之所以要开展理想信念教育，就是要引导人们在理解和认同马克思主义真理的基础上，树立正确的历史观、民族观、国家观、文化观，坚定理想信念，推动国家和社会的发展。人民有信仰，国家有力量，民族有希望。在最后一讲，我们将聚焦"信仰"这一话题，谈谈这种精神力量对我们生活的意义。

● 问题的缘起：古代哲学家如何谈论信仰的作用？

　　对于生活在现代市场经济社会中的人们来说，"信仰"似乎是一个比较空洞的概念，因为它不会直接转变成经济效益，一些人可能对人是否需要信仰产生怀疑。甚至一些考上知名学府的学生，也会由于缺乏精神力量和生活信仰的支撑，找不到自己生命的意义，产生"空心病"等心理问题。这其实从反面说明，人的健康生活离不开信仰的力量。历史上，人类的社会化生存也从来都离不开精神和信仰，甚至可以说，精神和信仰的发展是贯穿人类文明史的一条重要线索。

在中国古代，哲学家们很早就意识到了哲学思考、生活践行和信仰之间具有内在的紧密联系。孔子提出人生不仅要敏而好学，而且要有所敬畏，而敬畏中就包含着信仰。他说："君子有三畏：畏天命，畏大人，畏圣人之言。"这就是说，君子要敬畏天道的命运，用今天的话来说，就是要遵从自然的规律、社会的规律。同时，还要牢牢记取有德之人的教诲。如果一个人不敬天，就会受到惩罚。这不仅是孔子一家的思想，也是中国古代哲学家的共同信仰。后世朱熹将人对天道、天命的体悟同一个人内在的修为紧密结合在一起，强调"格物、致知、诚意、正心"，在此基础上，一个人才能"修身、齐家、治国、平天下"。而在王阳明看来，关键是"致良知"，良知即心中本具的善性和智慧，它是人与天地万物之间的联系，通过培养和发扬致良知，人们可以达到心灵的安宁与和谐。总而言之，哲学家所追求的真理不是纯粹客观的知识，而是包含着道德性，包含着社会性，包含着终极关怀，哲学的思考和践行不是简单地遵循规律，符合实际，而是要向着理想境界不断攀登，止于至善。这也就是张载"为天地立心，为生民立命，为往圣继绝学，为万世开太平"激励历代中国知识分子的精神力量之所在。

在西方哲学的源头，哲学家们往往将信仰与人生境界的提升、人的内心的平静联系在一起。柏拉图认为，人在现实世界中所形成的一切认识，究其本质是对一个完美理念世界的真理的回忆和模仿，因此，认识是表面的，真理以及对真理的信仰则是本质的，灵魂的疗愈来自真理。亚里士多德认为，只有探寻并且践行"真理"的生活，才是最高尚、最完满、最幸福的生活。这种对真理的探寻就是哲学家的使命，探寻真理并且践行真理，本身就是哲学家的信仰，它引导着人生的目标。通过坚定地追求道德和美德，我们才能获得人生的最高意义。古罗马哲学家爱比克泰德认为，信仰是一个人自由的保障。人生的价值不在于一个人所拥有的东西，而在于一个人的信仰和行为。色诺芬提出，信仰既是伟大人物的标志，也是普通人内心的安慰。宇宙的奥秘远远超出人类的理解，在此情况下，想要过好一生，就需要有信仰的帮助，信仰也是人们之间的心灵纽带。塞涅卡认为，信仰是生活的指南针。人除了在身体上被奴役之外，也有可能在心理上被奴役。要想摆脱这种奴役，就必须在生活中践行哲学，而不能汲汲营营于物质利益和生活琐事。"只有那些找时间学习和践行哲学的人是在真正生活，他们把每一个时代纳入了自己的生命中。"奥勒留也提出，一个人坚守自己的信仰，就能获得内心的平静和安宁。西塞罗对信仰的理解更富有现实意义，他认为，信仰使人坚定不移，能够战胜逆境，实现伟大的事业。而他所信仰的社会理想，是建立一个公平正义的、增进所有人福祉的国家。"在一切社会关系中没有比用国家把我们每个人联系起来的那种社会关系更亲密的了。父母是亲爱的，儿女、亲戚和朋友也是亲爱的，但是祖国则包容了我们所有的爱。"理想的国家是人民的共同体，而为国家服务也应被视为最高的美德。

对一个国家、一个民族而言，文化是民族的血脉和灵魂，文化兴国运兴，文化强民族强。"国家之魂，文以化之，文以铸之。"因此，文化自信是更基础、更广泛、更深厚的自信，是一个国家、一个民族发展中最基本、最深沉、最持久的力量。文化具有多种多样的表现形式和内容要素，而在所有的文化内容要素中，信仰和精神的力量是最核心的。对一个国家的国民来说，共同的精神、共同的信仰，是文化的内在根基。中国人民是具有伟大创造精神、伟大奋斗精神、伟大团结精神、伟大梦想精神的人民。中华民族精神集中体现了中华民族的整体风貌和精神特征，是中华民族永远的精神火炬。《周易》中说：

天行健，君子以自强不息。地势坤，君子以厚德载物。

这是中华优秀传统文化的重要特质，也是伟大民族精神的生动写照。中国人民在长期奋斗中培育、继承、发展起来的伟大民族精神，为国家发展和人类文明进步提供了宝贵的文化资源、精神财富。在近现代中国的历史上，马克思主义中国化时代化的光辉成果，是引领中国人民团结奋斗的精神力量。

二 哲学的解答：如何立足中华文明塑造我们的信仰？

个人的发展、民族的复兴都不仅需要物质的支撑，而且需要精神的力量。对于个人而言，在社会生活中，我们不仅会受到物质环境的影响，也会受到历史传承下来的文化的深刻影响。可以说，人创造了文化，文化也在塑造着人。马克思说："一切已死的先辈们的传统，像梦魇一样纠缠着活人的头脑。"这句话强调的就是文化传统对人的深刻作用。优秀文化能够丰富人的精神世界，增强人的精神力量，促进人的全面发展。反过来，如果一个人没有受到优秀文化的滋养，缺乏信仰和精神的力量，那么，他的精神世界就会空虚、萎靡甚至受到污染，也就无法得到全面发展。

> 人们自己创造自己的历史，但是他们并不是随心所欲地创造，并不是在他们自己选定的条件下创造，而是在直接碰到的、既定的、从过去承继下来的条件下创造。一切已死的先辈们的传统，像梦魇一样纠缠着活人的头脑。[1]
>
> ——马克思《路易·波拿巴的雾月十八日》

---

1 马克思：《路易·波拿巴的雾月十八日》，人民出版社，2015 年，第 9 页。

马克思主义奠定了共产党人坚定理想信念的理论基础。马克思、恩格斯坚信，未来社会"将是这样一个联合体，在那里，每个人的自由发展是一切人的自由发展的条件"[1]，"无产者在这个革命中失去的只是锁链。他们获得的将是整个世界"[2]。马克思坚信历史潮流奔腾向前，只要人民成为自己的主人、社会的主人、人类社会发展的主人，共产主义理想就一定能够在不断改变现存状况的现实运动中一步一步实现。同时，马克思主义也强调，每一个国家都要基于自己独特的文化传统而向前发展，通向未来的道路离不开文化的传承与发展。

具有五千多年文明史的中华民族，在历史上创造了无数辉煌，也经历过许多磨难。近代以后，中国逐步沦为半殖民地半封建社会，饱受列强欺凌、四分五裂、战乱频繁、生灵涂炭之苦。中国共产党成立之后，紧紧团结带领全国各族人民，经过百年奋斗，洗雪民族耻辱，中国人民成为自己命运的主人，中华民族迎来了从站起来、富起来到强起来的伟大飞跃，中华民族伟大复兴进入了不可逆转的历史进程。一百多年来，中国共产党坚定地把马克思主义作为我们立党立国、兴党兴国的根本指导思想。实践告诉我们，中国共产党为什么能，中国特色社会主义为什么好，归根到底是马克思主义行，是中国化时代化的马克思主义行。拥有马克思主义科学理论指导是我们党坚定信仰信念、把握历史主动的根本所在。

马克思主义与中华优秀传统文化内在契合，这是马克思主义中国化时代化的重要基础。只有植根本国、本民族历史文化沃土，马克思主义真理之树才能根深叶茂。中华优秀传统文化源远流长、博大精深，是中华文明的智慧结晶，其中蕴含的天下为公、民为邦本、为政以德、革故鼎新、任人唯贤、天人合一、自强不息、厚德载物、讲信修睦、亲仁善邻等，是中国人民在长

1　马克思、恩格斯：《共产党宣言》，人民出版社，2018年，第51页。

2　马克思、恩格斯：《共产党宣言》，人民出版社，2018年，第65页。

期生产生活中积累的宇宙观、天下观、社会观、道德观的重要体现，同科学社会主义价值观主张具有高度契合性。习近平总书记指出："在五千多年中华文明深厚基础上开辟和发展中国特色社会主义，把马克思主义基本原理同中国具体实际、同中华优秀传统文化相结合是必由之路。这是我们在探索中国特色社会主义道路中得出的规律性的认识，是我们取得成功的最大法宝。"

把马克思主义基本原理同中华优秀传统文化相结合，意味着让马克思主义成为中国的，让中华优秀传统文化成为现代的，让经由"结合"而形成的新文化成为中国式现代化的文化形态。这让中国特色社会主义道路有了更加宏阔深远的历史纵深，拓展了中国特色社会主义道路的文化根基。中国式现代化赋予中华文明以现代力量，中华文明赋予中国式现代化以深厚底蕴。在中国式现代化的新征程上，我们必须坚持马克思主义科学理论的指导，坚持把马克思主义基本原理同中国具体实际相结合、同中华优秀传统文化相结合，坚定对中国特色社会主义的理想信念，在中华民族伟大复兴的新征程上走好自己的人生之路。

三 行动的启示：如何为人生构筑精神的大厦？

每个民族都有自己独特的文化。中华民族具有五千多年连绵不断的文明历史，创造了博大精深的中华文化。中华优秀传统文化不仅是中华文明绵延五千多年的内在基因，也是中华民族立足当代、迈向伟大复兴的内在动力。一百多年来，中国共产党在中华大地上发展马克思主义，在长期奋斗中构建起中国共产党人的精神谱系，为民族复兴提供了强大精神力量。那么，立足新时代的中国，我们应该如何理解中华民族的伟大精神，如何建立起我们的精神谱系、信仰大厦？

第一，我们要更加深刻地理解马克思主义的科学性，更加坚定地信仰马克思主义的真理，并在学习、工作和生活中自觉用马克思主义世界观和方法

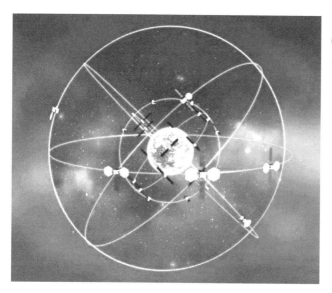

北斗组网模拟图
（中国卫星导航系统管理办
公室供图，新华网发）

论来指导自己的实践。列宁指出，马克思主义"对世界各国社会主义者所具有的不可遏止的吸引力，就在于它把严格的和高度的科学性（它是社会科学的最新成就）同革命性结合起来，并且不仅仅是因为学说的创始人兼有学者和革命家的品质而偶然地结合起来，而是把二者内在地和不可分割地结合在这个理论本身中"。马克思主义的中国篇章是中国共产党人依靠自身力量实践出来的，贯穿其中的一个基本点就是中国的问题必须从中国基本国情出发，由中国人自己来解答。作为学生，我们学习马克思主义，就是要全面掌握辩证唯物主义和历史唯物主义的世界观和方法论，就是要学会运用它来分析和解决现实问题，而不是简单地背诵和重复其具体结论和词句，更不能把马克思主义当成一成不变的教条。

以马克思主义为指导，意味着在未来的学习和工作中必须坚持解放思想、实事求是、与时俱进、求真务实，一切从实际出发，把马克思主义的立场、观点、方法结合起来，正确看待和着力解决在社会发展中遇到的实际问题。以马克思主义为指导，还意味着深刻认识实现共产主义是由一个一个阶段性目标逐步达成的历史过程，把共产主义远大理想同中国特色社会主义共同理想统一起来、同我们正在做的事情统一起来，坚定中国特色社会主义道路自信、理论自信、制度自信、文化自信，坚守理想信念，在中国特色社会主义新时代新征程上团结奋斗。新时代北斗精神就是一个值得学习的动人例子。从 1994 年立项到 2000 年建成北斗一号系统，从 2012 年开始正式提供区域服务到 2020 年服务全球……二十六年间，中国北斗人始终秉承航天报国、科技强国的使命情怀，探索出一条从无到有、从有到优、从有源到无源、从区域到全球的中国特色发展道路，从而使我国成为继美国、俄罗斯之后世界上第三个拥有自主全球卫星导航系统的国家。2020 年 7 月 31 日，北斗三号全球卫星导航系统正式建成开通。它的建成开通，是国之大事喜事，很多人笑着笑着就哭了……

很多工程开创阶段时的科研人员，早已白发苍苍，但他们在建设北斗系统过程中孕育出来的"自主创新、开放融合、万众一心、追求卓越"的新时代北斗精神，已成为"两弹一星"精神、载人航天精神的血脉赓续，不断激励着新时代北斗人继续前行。"北斗"团队反映了新时代中国青年的风貌，这支以"80后""90后"为主力的团队，平均年龄只有 31 岁，比国外相关团队年轻了十几岁。他们的事迹和他们所塑造的新时代北斗精神，正是我们学习的典范。

第二，我们要更加深刻地理解中华文明，更加自觉地传承和发展好中华优秀传统文化，把马克思主义基本原理同中华优秀传统文化相结合。中华民族具有百万年的人类史、一万年的文化史、五千多年的文明史。我们既要做马克思主义的学习者，也要做中华优秀传统文化的传承者。盛世修文，我们这个时代，国家繁荣、社会平安稳定，有传承民族文化的意愿和能力，应该在文化传承发展上做出更大贡献。作为新时代的中国青少年，我们应该对中华文明有更加完整、深刻的理解，认识中华文明的悠久历史，感知中华文化的博大精深，这是我们文化自信的重要来源，也是我们走好未来人生道路的重要精神支柱。中国文化源远流长，中华文明博大精深。只有全面深入了解中华文明的历史，才能更有效地推动中华优秀传统文化创造性转化、创新性发展，更有力地推进中国特色社会主义文化建设，建设中华民族现代文明。中华优秀传统文化有很多重要元素，例如，天下为公、天下大同的社会理想，民为邦本、为政以德的治理思想，九州共贯、多元一体的大一统传统，修齐治平、兴亡有责的家国情怀，厚德载物、明德弘道的精神追求，富民厚生、义利兼顾的经济伦理，天人合一、万物并育的生态理念，实事求是、知行合一的哲学思想，执两用中、守中致和的思维方法，讲信修睦、亲仁善邻的交往之道等，共同塑造出中华文明的突出特性。

中华文明具有突出的创新性……从根本上决定了中华民族守正不守旧、尊古不复古的进取精神，决定了中华民族不惧新挑战、勇于接受新事物的无畏品格。

中华文明具有突出的统一性……从根本上决定了中华民族各民族文化融为一体、即使遭遇重大挫折也牢固凝聚，决定了国土不可分、国家不可乱、民族不可散、文明不可断的共同信念，决定了国家统一永远是中国核心利益的核心，决定了一个坚强统一的国家是各族人民的命运所系。

中华文明具有突出的包容性……从根本上决定了中华民族交往交流交融的历史取向，决定了中国各宗教信仰多元并存的和谐格局，决定了中华文化对世界文明兼收并蓄的开放胸怀。

中华文明具有突出的和平性……从根本上决定了中国始终是世界和平的建设者、全球发展的贡献者、国际秩序的维护者，决定了中国不断追求文明交流互鉴而不搞文化霸权，决定了中国不会把自己的价值观念与政治体制强加于人，决定了中国坚持合作、不搞对抗，决不搞"党同伐异"的小圈子。

——习近平《在文化传承发展座谈会上的讲话》

　　总而言之，我们要坚定历史自信、文化自信，坚持古为今用、推陈出新，努力把马克思主义思想精髓同中华优秀传统文化精华贯通起来、同人民群众日用而不觉的共同价值观念融通起来，努力成为青年马克思主义者，不断赋予科学理论鲜明的中国特色，不断夯实马克思主义中国化时代化的历史基础和群众基础，让马克思主义在中国牢牢扎根。

　　强国建设、民族复兴的接力棒，历史地落在我们这一代人身上。我们要坚持对马克思主义的坚定信仰、对中国特色社会主义的坚定信念，坚定道路自信、理论自信、制度自信、文化自信，以中国式现代化全面推进中华民族伟大复兴。中国式现代化是强国建设、民族复兴的康庄大道。中国式现代化赋予中华文明以现代力量，中华文明赋予中国式现代化以深厚底蕴。中国式现代化必将推动中华文明繁荣发展。作为新时代的中国青少年，我们要坚定不移听党话、跟党走，怀抱梦想又脚踏实地，敢想敢为又善作善成，做到有理想、敢担当、能吃苦、肯奋斗，让青春在全面建设社会主义现代化国家的火热实践中绽放绚丽之花！

拓 展 阅 读

　　1. 马克思：《路易·波拿巴的雾月十八日》，人民出版社，2015年。
　　2. 马克思、恩格斯：《共产党宣言》，人民出版社，2018年。

思 考 探 究

　　1. 结合新时代北斗精神等例子，谈谈如何在新时代中国特色社会主义的实践中做一名理想坚定、脚踏实地的青年马克思主义者。

　　2. 面对不同文化的交流和西方思潮的冲击，如何通过传承和发展中华优秀传统文化，实现自己的精神自主？结合身边的例子，谈谈青少年可以怎样做。

后 记

　　"写给青少年的哲学书"是南京市中华中学在实施并不断完善江苏省哲学课程基地建设、江苏省哲学教育课题研究与实践，以及中学和高校携手推进思政课一体化建设重要成果基础上形成的一套哲学普及读物，期望通过通俗易懂的方式，影响和帮助更多的青少年领悟生命意义、实现青春梦想、创造人生价值。

　　面对世界百年未有之大变局，一些青少年容易产生心理困惑、生活迷茫、学习无意义感等问题。要想从根源上解决这些问题，必须坚持马克思主义基本原理同中国具体实际相结合、同中华优秀传统文化相结合，以习近平新时代中国特色社会主义思想为指导，强化系统思维，树立全局观念，充分发挥校家社协同育人的功能。其中，思政课作为立德树人关键课程的作用不可或缺。在基础教育阶段，尤其是学生处于青春期的高中阶段，加强哲学教育尤为重要。

　　从学校层面来说，用哲学智慧指导教育教学和管理等工作，既可以立足全局，将哲学教育与学校德育、心育和学科教学等工作融为一体，又可以学习和运用辩证唯物主义与历史唯物主义的基本理论观点，更好地培养学生的科学思维，强化系统思维、辩证思维、逻辑思维和创新思维，引导学生坚持一切从实际出发，重视理论与实践相结合，树立正确的世界观、人生观和价值观，从而理性面对挫折、珍爱生命，健康生活、科学学习，追求卓越、幸福成长。

2019 年 10 月，时任中华中学校长的徐飞提出申报有关哲学课程基地的设想，并积极支持基地的申报与建设工作。这与我数十年从事中学思想政治课教学、心理健康教育和德育等教育实践中的所思所想不谋而合。查阅资料、咨询专家、理清思路、申报立项等一系列工作，更加深了我对中学哲学教育重要性的理解。以法国为代表的一些欧美国家一贯重视在中学阶段开展哲学教育，甚至在小学、幼儿园阶段就开设了哲学启蒙教育。在我国，学哲学、用哲学是中国共产党的优良传统。重视哲学思维、善用哲学方法，是习近平总书记治国理政思想的鲜明特色。大力开展哲学教育，已成为培养担当中华民族伟大复兴历史重任的时代新人的重要内容。近年来，国家更是将哲学列为"强基计划"的重点招生专业之一，进一步加强了新时代拔尖创新人才的选拔与培养。

2020 年，中华中学获批成为南京市哲学践行课程基地。2021 年，中华中学获批成为江苏省哲学课程基地，并申报立项了江苏省"十四五"规划课题"马克思主义理论指导下的普通高中学生哲学践行研究"（编号：D/2021/02/588）、江苏省中小学教学研究第十四期课题"普通高中哲学课程体系构建与实施的研究"（编号：2021JY14–L03）和南京市高中政治陶德华名师工作室。为此，我们特邀国家高中思想政治统编教材必修 4《哲学与文化》主编、南京大学张亮教授和江苏省中小学教学研究室政治教研员顾润生教授担任专家顾问。在省市教育主管部门和张亮教授、顾润生教授的悉心指导下，中华中学逐步形成并完善了以哲学教育课题研究为引领、以哲学课程基地建设为抓手、以哲学教育课程体系构建与优化实施为重点、以促进教师专业发展和学生幸福成长为目标的工作框架，增强了"启智润心，哲以育人"的意识和行动，着力打造学哲学、用哲学的校园文化，探索用哲学智慧提升新时代中学育人效果新路径。我们努力做好中学哲学教育顶层设计，从建设校园哲学文化展陈空间、构建中学哲学课程体系，到开展一系列哲学教育活动、开设系列哲学教育课程、推进哲学课堂教学研讨等，为这套丛书的编撰和出版积累了丰富的一手实践资料。

在中华中学党委书记李兵带领下，中华中学与南京大学"思政课一体化建设"等合作共建项目不断深化。这也使我有幸与多位南京大学哲学系博士，现在南京大学等高校或科研院所工作的学者——宗益祥、张义修、吕昂以及施和团队等携手合作，着力从学术性、科学性与普及性、趣味性有机统一的角度打造这套普及读物，最终完成了书稿的编写、修改与完善工作。

本丛书从构思成稿、多次打磨直至最终成书出版，历时近五年。在这一过程中，我们得到了很多专家、领导的关心、帮助与支持，也得到了许多师生的鼓励和认可。在学校开展哲学教育和书稿的修改与完善工作中，南京大学马克思主义学院副院长吴翠丽教授、南京大学哲学系副主任刘鹏教授、南京师范大学马克思主义学院副院长汤建龙教授、南京师范大学教师教育学院副院长刘建教授、江苏第二师范学院马克思主义学院院长刘素梅教授、安徽师范大学马克思主义学院杨希教授和南京市教学研究室政治教研员范斌老师等专家，都给予了很多宝贵的意见和建议。江苏省教育科学研究院基础教育研究所倪娟所长和王彦明研究员等对我校课程基地的建设和成果的形成，一直给予了关心、支持和鼓励，从而有力促进了书稿的撰写完成。南京市高中政治名师工作室和中华中学政治教研组的教师对书稿的形成则贡献了实践智慧和经验。

中华中学现在校的高中三个年级的学生，参加了学校组织举办的各项哲学学习活动，例如以"增长哲学智慧，促进卓越发展"为主题的哲思书籍、影视作品赏析与"著名哲学小品的启示"征文评比活动，"中国经典文艺作品中的哲学"和"生活中的哲学智慧"等课程学习活动，"马克思为什么是对的"和"时事论坛"等研究性学习活动，以"心赏美韵，美润心灵"为主题的哲学与心育、音乐、美术等学科融合课展示与研讨活动，以及以"启智润心，哲以育人"为主题的携手推进新时代思政课一体化建设暨江苏省哲学课程基地成果展示与研讨活动……这些都为书稿的形成提供了鲜活的

素材。为了解学生对书稿的真实看法，我还让在校的部分学生和青年教师及南京师范大学来我校实习的研究生等先睹为快，并根据他们的意见和建议对书稿进行了修改。

本书在张亮教授和顾润生教授的审稿、指导下定稿，并在南京师范大学出版社张春编审和相关编辑老师们的细致审读、加工和图文创意设计下，得以顺利出版。

在此，向所有对本书的出版给予关心、指导和帮助的专家、领导、同人和学生致以诚挚的感谢和衷心的祝福！也希望给有缘阅读此书的青少年朋友们带来帮助，并期待读者们与我们分享阅读体验、提出宝贵意见和建议。感谢你们！

陶德华

2024 年 5 月